THE CRAZY HAACKS

MUSIC
MUSIC
PHOTO
PLAY
APP
MUSIC
INTERNE
PHOTO
Friends

MUSIC
MUSIC
PHOTO
APP
PHOTO
Friends

THE CRAZY HAACKS

MUSIC
MUSIC
APP
PHOTO
Friends

THE CRAZY HAACKS

Y LA CÁMARA IMPOSIBLE

Ilustraciones de
NÚRIA APARICIO

REC 01:00

Montena

THE CRAZY HAACKS

SOMOS:

DANIELA

Coqueta, risueña, alegre y con ideas SUPERLOCAS. Cuando ella está cerca, ¡la diversión está asegurada!

VIDEO

HUGO

El más loco de los tres, ¡no hay reto que se le resista! Hace las cosas y, luego, las piensa... lo que le mete en más de un lío.

MATEO

El hermano mayor, el más sensato y responsable. Se encarga de que las locuras de sus hermanos no acaben en tragedia.

Primera edición: abril de 2018
Décima reimpresión: diciembre de 2018

Printed in Spain – Impreso en España

ISBN: 978-84-9043-942-5
Depósito legal: B-2.907-2018

Compuesto en M. I. Maquetación, S. L.

Impreso en Limpergraf
Barberà del Vallès (Barcelona)

G T 3 9 4 2 5

Penguin
Random House
Grupo Editorial

CAMERA
(CROSBY, STILLS & NASH)

I rode my bike to town today
Wobbling down the path
I knew the kids would see me
I love it when they laugh

And I wish I were a camera
And I could slice time like a knife
Seeing stories in the faces
And crystallizing life

Wish I were a camera
I wish it all the time
It gives my eyes a reason
It gives my life a rhyme

I'd be a lens that could see souls
A shutter that never shuts
I'd have film that lasts forever
I would live in huts

In the jungles of South America
Like my father before the war
I'd find out where we came from
And what this life is for

And I wish I were a camera
I wish it all the time
It gives my eyes a reason
It gives my life a rhyme

I wish I were a camera
I wish it all the time
It gives my eyes a reason
It gives my life a rhyme

And I would climb right off this planet
On the clearest night of all
And photograph the future
When it finally comes to call

I would save up all these images
These instants in a box
And when I am old and lonely
They could cover up the clocks

And I wish I were a camera
I wish it all the time
It gives my eyes a reason
It gives my life a rhyme

I wish that I could shoot at night
And leave without a trace
And catch my lover's sleeping smile
By the starlight on her face

But I think mostly that I'd see children
'Cause they haven't learned to hide
And they watch me on my bicycle
And laugh with me as I ride

While I ride, while I ride
While I ride, while I ride ...

MUSIC
friends

CAPÍTULO 1

UNA FAMILIA... ¿NORMAL?

—¡¡¡HOLA, LOCOS!!!

—¡Venga, chicos! Contad qué vamos a grabar hoy —dice Mami sonriente mientras controla la cámara.

Puede que, si eres un niño normal, tu plan del día consista en desayunar tostadas, hacer los deberes del cole y ver videos de YouTube (no necesariamente en este orden). Pero en casa no somos normales. ¡Y me encanta!

SOMOS THE CRAZY HAACKS, la familia más loca del mundo mundial. «Haack» es nuestro apellido y «Crazy»... como si lo fuera. Y todo se vuelve más loco de lo normal cuando hay una cámara cerca.

—**¡VAMOS A HACER EL RETO DE LAS COOKIES!** —Este es **MATEO**. Como es el mayor, siempre es el más rápido en contestar a las preguntas de Mami, salvo cuando pregunta quién va a poner la mesa, claro. En esos casos, Mateo desaparece a la velocidad del sonido.

¡QUÉ RABIA! Mateo siempre se me adelanta.

Me muero por grabar este reto. Competiremos entre nosotros tres para ver quién come más galletas en un minuto mientras cantamos ***DESPACITO***. Suena fácil, ¿verdad? Sobre todo si lo haces «rapidito»... Además, ya tenemos experiencia con los retos:

LOS RETOS MÁS MEGALOCOS DE

THE CRAZY HAACKS

- Pizza gigante de *slime* ✓
- Concurso de peluquería con la aspiradora ✓
- Bañarnos en una piscina llena de gelatina ✓
- Hacer un Musical.ly debajo del agua ✓
- Comer un limón entero con piel y todo ✓
- Masticar 100 chicles a la vez ✓
- Probar dulces superpicantes de Tailandia ✓

Estos son los retos superados. También tenemos una lista **TOP SECRET** con retos fracasados, como la vez que intentamos abrir sandías con el culo. Ese video **JAMÁS VERÁ LA LUZ.**

★ A MENOS QUE LLEGUEMOS A LOS DIEZ MILLONES DE SUSCRIPTORES.

EL RETO DE LAS COOKIES no es el más complicado al que nos hemos enfrentado. Pero, por si acaso, y porque una campeona siempre se prepara, llevo una semana practicando y tengo el superplán para ganar el *challenge*:

1) PREPARADOS: coger el mejor sitio, con espacio suficiente para mover los brazos todo lo rápido que pueda. Y mejor entre mis dos hermanos, luego veréis por qué.

2) LISTOS: colocar las galletas en fila para no perder tiempo al cogerlas. Seguro que si las pongo con forma de corazón quedan chulísimas, pero ¡hay que ser práctica!

3) ¡YA!: comer las galletas MUY rápido (claro, si no, ¿cómo voy a ganar?). El Monstruo de las Galletas parecerá una tortuga a mi lado.

4) GOLPE DE EFECTO (tengo también un plan secreto, ¡cómo no!, porque, si no, con solo esos tres pasos no estoy NADA segura de que pueda ganar): hacer payasadas para desconcentrar a mis hermanos. ¡Si se parten de risa, seguro que dejan de comer!

5) FIN: y la ganadora es... ¡DANIELA!

YES! Va a ser divertido, sobre todo si mi plan sale perfecto y gano yo. Seguro que sí. **¡ESTE RETO ESTÁ HECHO PARA MÍ!** Lo tengo todo: me encantan los retos, las galletas y cantar. ¡Es la combinación perfecta! No entiendo por qué los cantantes no hacen lo mismo en sus conciertos, tendrían mucho más éxito.

ESTAMOS EN EL SÓTANO, nuestra supersala de grabación. Sí, ya sé que las casas normales tienen sótanos normales, con trastos de la abuela, herramientas y la típica bici estática que tu padre usó una sola vez y nunca más... Pero, como ya os he dicho, en casa no somos ni medio normales. Nuestro sótano es una gigantesca sala de grabación y **ME ENCANTA. TIENE TODO LO QUE PODAMOS NECESITAR PARA GRABAR VIDEOS, LOS VIDEOS MÁS LOCOS:**

* Juguetes. Muchos juguetes. Decenas y CENTENARES de juegos de mesa, muñecas y peluches. Si nuestros juguetes cobrasen vida como en *Toy Story*, podrían fundar su propio país.

* Una máquina para hacer algodón de azúcar, un expendedor de chicles y una *fondue* de chocolate: la pesadilla de nuestro dentista.

* Botellas de agua, bórax y cola. ¡Todo lo que necesitamos para el *slime* perfecto!

* Chuches (la *otra* pesadilla de nuestro dentista). Tenemos muuuchas golosinas y muy, muy raras. En esta casa nada es normal, ¡y las chuches tampoco! Las rojas son SUPERHIPERMEGAPICANTES y hay otras que tienen sabor a **VÓMITO**. ¡¡Puajjjj!!

* Rotuladores, purpurina, cartulinas, papeles de colores y papel de aluminio. No, no es para envolver un bocadillo: ¿acaso no has probado nunca a maquillarte con *TIN FOIL*?

Nuestro sótano mola tanto que ya me estoy distrayendo, así que más vale que me concentre. Ya estamos los tres preparados para este reto, pero **HUGO Y MATEO NO PARECEN ESTAR NADA NERVIOSOS**. ¿Cómo puede ser? Yo estoy temblando como un flan. ¿Será una buena combinación flan y galletas? Ay, que me desconcentro.

UN MOMENTO.

VAMOS A VER...

RESPIRO HONDO (tanto como cuando intenté cantar bajo el agua, ejem).

MÁXIMA CONCENTRACIÓN...

... que en cuanto Mami dé el pistoletazo de salida tengo que llevar a cabo mi plan.

Cierro los ojos y me concentro: ya veo el video en YouTube, yo levantando los brazos a cámara lenta como hacen los campeones... Sí, si hasta se me mueve el pelo leeeeento, leeeeento como a la Sirenita sobre la roca. Por cierto, me tengo que acordar de pedirle este efecto de pelo levitante a Susana, nuestra editora de videos, para que quede **PERFECTO. ¡ESTA SERÁ MI VICTORIA!**

—Venga, que empezamos. ***READY? GO!***

¿YA? Dios mío, me distraigo tanto que, más que en la luna, parece que esté de vacaciones en Plutón.

¡ES MI MOMENTO! A por esas galletas.

Empezamos a comer, pero el reto no es tan fácil como yo pensaba. **¡OH-OH...!**

Si tragar galletas fuese una competición olímpica, yo tendría TODOS los oros. **EL DRAMA** viene cuando tengo que cantar a la vez y un montón de trozos salen disparados de mi boca. Muchos. Un montón. **DEMASIADOS**.

¡Parezco una metralleta de chips!

En serio: no es que se me caigan de la boca, es que salen a propulsión como corchos de champán.

—DEFFFPAA-FFFIIIFFFTOOO —canto, pero cualquier parecido con la canción original es pura coincidencia—. QUIEFFFO PPPFEFFFPIRAFFF FFFTU FFFCUEFFLLO DEFFFFPAAAAFFFFITOOO...

—¡Hay que cantar, no invocar un espíritu con cánticos demoníacos! —se burla MATEO. MI HERMANO MAYOR ES CAPAZ DE TRAGAR GALLETAS, CANTAR Y ALECCIONARME, TODO A LA VEZ. VENTAJAS DE SER EL MAYOR.

¡No me puedo despistar! TENGO QUE GANAR. Así no voy bien. Es el momento de utilizar el golpe de efecto del plan: tengo que empezar a bailar para desconcentrar a mis hermanos.

PRIMERO BAILO LA DANZA DEL VIENTRE (la de los árabes, no la de ir al váter). Me contoneo como Shakira con un ataque de picores.

Sobre todo movimientos bien grandes, para que no puedan evitar mirarme. Y funciona bien hasta que ¡me entra un ataque de risa! Pero ¿cómo no me voy a reír? TENDRÍAIS QUE VER LA CARA DE HUGO: ¡está cubierto de migas de galleta! ¡Se le han pegado con la baba y ahora parece un filete empanado con ojos!

Pero un poco funciona, porque como no puedo parar de reír, resulta que Hugo también se troncha de risa: **¡ESTAMOS LOS DOS LLENOS DE GALLETAS!**

Bueno, al menos ya tengo a uno desconcentrado.

¿Y MATEO? Mateo no ha empezado. Está contando las galletas y ordenándolas por grosor y número de pepitas de chocolate.

Como si este fuese el reto de ser responsable y ordenado. **¡TIENE QUE ESPABILAR!**

—Mate, venga, ¡empieza ya, que se va a acabar el minuto! ¡Come! —le dice Mami desde el otro lado de la cámara.

—ZI, MATE, TE VAMOSH A GANAGRGHR.
—DESAHPRAQUITO...

Pero no me preocupa. Si no ha empezado hasta ahora, es imposible que gane.

Y entonces pasa una cosa IM-PRE-SIO-NAN-TE.

Porque no hay otra palabra.

Mateo empieza a cantar y a comer. Una galleta tras otra. Y otra y otra y...

Pero ¿cómo puede comer tantas galletas en diez segundos? Mientras canta *Despacito* tan bien que parece que Luis Fonsi esté aquí grabando con nosotros.

¡ES INCREÍBLE!

A ver si en lugar de Hugo el que me va a ganar es Mateo. De eso ni hablar. Estoy mirando a Hugo para ver cómo va su montón de galletas, pero sigue ocupado con el trozo de galleta que le sale por la nariz. LE MIRO Y ME DA EL ATAQUE DE RISA MÁS HISTÓRICO DE LA HISTORIA DE **THE CRAZY HAACKS. ¡ES QUE NO PODEMOS PARAR DE TRONCHARNOS!**

Mientras tanto, Mateo ya nos ha adelantado con su boca comedora de galletas nivel profesional. ¡He visto buzones con menos capacidad que la bocaza de Mate!

OH-OH. Esa es Mami. El reto ya se ha acabado.

¿EN SERIO?

—¡MANOS ARRIBA Y QUE EMPIECE EL RECUENTO!

Cuando quiere, Mami es más estricta que un juez. Aunque no ha parado de reír durante el minuto entero.

Habréis observado que muchas veces nuestros videos están movidos. No es un efecto de la cámara ni que nos haya pillado un terremoto grado 1.000 de la Escala Richter. Es mi madre, que no puede aguantarse la risa y se le mueve la cámara. ¡Espero que haya podido grabar el momento histórico de la galleta saliendo por la nariz de Hugo! Eso sí que va a ser épico. Le pediré a Susana que edite también ese trozo a cámara lenta. Ya que no va a haber plano de mi victoria perfecta, al menos que haya uno en el que nos riamos todos.

PERO PONGÁMONOS SERIOS. Ha llegado la hora del recuento: quien haya comido más, gana. Así es como ha quedado:

DANIELA: 4 GALLETAS, solo he cantado la mitad del estribillo de *Despacito* (es una injusticia que no se valore el baile magistral).

HUGO: 6 GALLETAS, casi todo el estribillo completo. No habrá ganado, pero ha descubierto su habilidad para echar por la nariz lo que le entra por la boca. Esperemos que no se aficione o ya lo veo lanzando Coca-Cola a chorros por la nariz.

MATEO: 7 GALLETAS, el estribillo de *Despacito* entero y parte de la segunda estrofa. Incluso ha hecho los coros con las orejas.

JOLÍN, SIEMPRE NOS GANA, da igual que empiece más tarde. Esto de ser ordenado tiene sus ventajas, hay que reconocerlo. Tengo que proponerle a Mami el reto del hermano más desordenado, ese seguro que lo gano. Bueno, o quizá gane Hugo, eso ya depende de cuánto entrenemos.

A lo que no puedo esperar es a que subamos el video a YouTube. En realidad, no me importa haber quedado la última, porque me lo he pasado genial. ¡Y seguro que los locos se van a partir de risa cuando lo vean! Especialmente en el MOMENTAZO nariz.

CAPÍTULO 2

LA FFF

AHORA QUE LO PIENSO, no me he presentado, ¿verdad?

Me llamo DANIELA y tengo nueve años, como ya he dicho antes. Lo he dicho, ¿verdad? En mi casa nos gusta hacer videos para YouTube. Empezamos un día medio por casualidad y ahora nos encanta. Y la verdad es que parece que no se nos da mal porque nos siguen miles y miles de locos. Millones. Mis hermanos se llaman MATEO, que tiene trece años, y HUGO, que tiene doce. Ellos son los locos superiores y por eso tienen algunas fans. Bueno, **BASTANTES-MUCHAS**, pero eso no se puede decir muy alto. Tampoco es plan de que se lo crean.

Ahora bien, los reyes de la casa no son ni mis hermanos ni yo. Son MAX y CHARLIE, los gatitos más bonitos y achuchables del universo universal. Y no lo digo porque sean los míos. ¡Es la verdad!

Si ya me conocéis, sabréis que me encanta hacerme fotos para Instagram y grabar musical.lys y que hablo *spanglish* porque hemos vivido en Irlanda e Inglaterra muchos años y ahora en España. Como viajamos más que una golondrina con *jet lag*, parece que mi cabeza ha mezclado los dos idiomas como si fuese un batido **ENORME DE FRESA Y CHOCOLATE.**

Pero bueno, que no hemos venido a hablar de mí. Además, Mami nos está llamando. Tenemos que irnos.

—**¡ESTE VIDEO VA A QUEDAR GENIAL!** —dice Mami—. ¡Vamos, chicos! Que nos tenemos que ir. ¿Os apetece ir a la FFF?

—**¿ESO QUÉ ES?** ¿La Fábrica de Felpudos Feos? —Mateo **SIEMPRE** tiene la broma a punto. ¡También es el más rápido para eso!

—**NOOOO.** Es la Feria Futurista de Fuengirola. Una feria de muestras con novedades tecnológicas superpunteras.

—***COOL!*** —grita Hugo, porque de mayor quiere ser ingeniero y le flipan las construcciones y los robots y todas esas cosas—. **¡A VER SI ENCONTRAMOS UN ROBOT QUE ME HAGA LOS DEBERES!** —dice luego, porque además de tener mente de ingeniero tiene espíritu de perezoso. Vaya, que a veces (bueno, casi siempre) es un poco *vagoneta*, para qué negarlo.

Si por él fuese, viviría tumbado en la cama. O en una piscina tomando el sol. O en una colchoneta en el mar, ¡le daría igual! Se podría dormir y no despertar hasta llegar al Polo Norte. A veces creo que es como un tercer gato: puede dormir y dormir y dormir... **¡ES *SUPERLAZY*!**

—¡A RECOGER, QUE NOS VAMOS!

Es decir esto y MATEO, más rápido que comiendo galletas, hace una bomba de humo y se escabulle. A veces pienso que podría diseñar planes de evacuación para rascacielos: sacaría a miles de personas en solo 0,5 segundos.

ES MUY LISTO. No le gusta nada recoger ni limpiar. Para él es el peor de los castigos. Bueno, el segundo peor: el peor de todos es que Mami le quite el móvil y no pueda chatear con sus amigos... ¡O CON SU NOVIA!

—Mami, ¿voy conjuntada? —digo, señalando mi *outfit*, pero ella ni me oye. Está demasiado ocupada recogiendo las migas que se nos han caído al suelo durante el reto y unos juguetes tirados.

Mami siempre está igual: le encanta el orden. Sí, eso está muy bien, ya lo sé. Pero no entiendo por qué tiene que quedar todo en su sitio. No creo que, cuando volvamos, nos encontremos una manifestación de juguetes pidiendo que los metamos en sus cajas, ¿no?

¡PASA LO MISMO CON LA CAMA! ¿Por qué hay que volver a hacerla cada mañana? Total, por la noche volvemos a deshacerla para irnos a dormir... ¡No tiene sentido!

—**VAAAMOOOOSSS,** ¡que Rafa nos está esperando! —dice Mami nerviosa.

La cosa se está poniendo seria. Más vale que le hagamos caso o nos quedamos sin feria. Rafa es nuestro chófer, pero lo mejor no es que nos lleve y nos traiga del cole. Lo mejor es que **MOLA MUCHO**. Siempre tiene una broma preparada para divertirnos. Sí, ya sé que lo más normal sería que mi padre nos llevara al cole. Pero viaja mucho por trabajo y casi nunca está en casa. También podría llevarnos mi madre, pero no sabe conducir. Bueno, sí que sabe conducir, pero conduce mal.

MUY MAL.

FATAL.

Un día entró en una rotonda **¡AL REVÉS!** Imaginaos la cara de los otros conductores al verla en dirección contraria.

Otro día aparcó en el pasillo de una iglesia.

Y todavía no se me ha olvidado cuando íbamos con tres GPS en el coche y aun así terminamos perdidos en medio de un bosque. De noche. En invierno. ¡Fue peor que la película de miedo más terrorífica!

Rafa no solo es nuestro chófer. En lo que a coches y desplazamientos se refiere, es nuestro **SALVADOR.**

CAPÍTULO 3

POSE, POSE Y ¡POSE!

Ya estamos dentro del coche para que Rafa nos lleve a la feria. Yo estoy sentada en el asiento de en medio, como siempre. ¿Por qué? Pues porque hago de separador entre Hugo y Mateo. ¿Por qué? Porque se chinchan y se pelean. ¿Por qué? Pues porque son hermanos y, como todo el mundo sabe, los hermanos se chinchan y se pelean, sobre todo en los viajes en coche. Yo no, claro. Yo soy muy buena.

HUGO se ha traído su mochila con la tablet y se pone a jugar. A mí, con las prisas, se me ha olvidado. QUÉ ABURRIMIENTO, a ver cuándo inventan el teletransporte, porque los viajes en coche son lo peor. Podría ir y volver al cole en dos segundos.

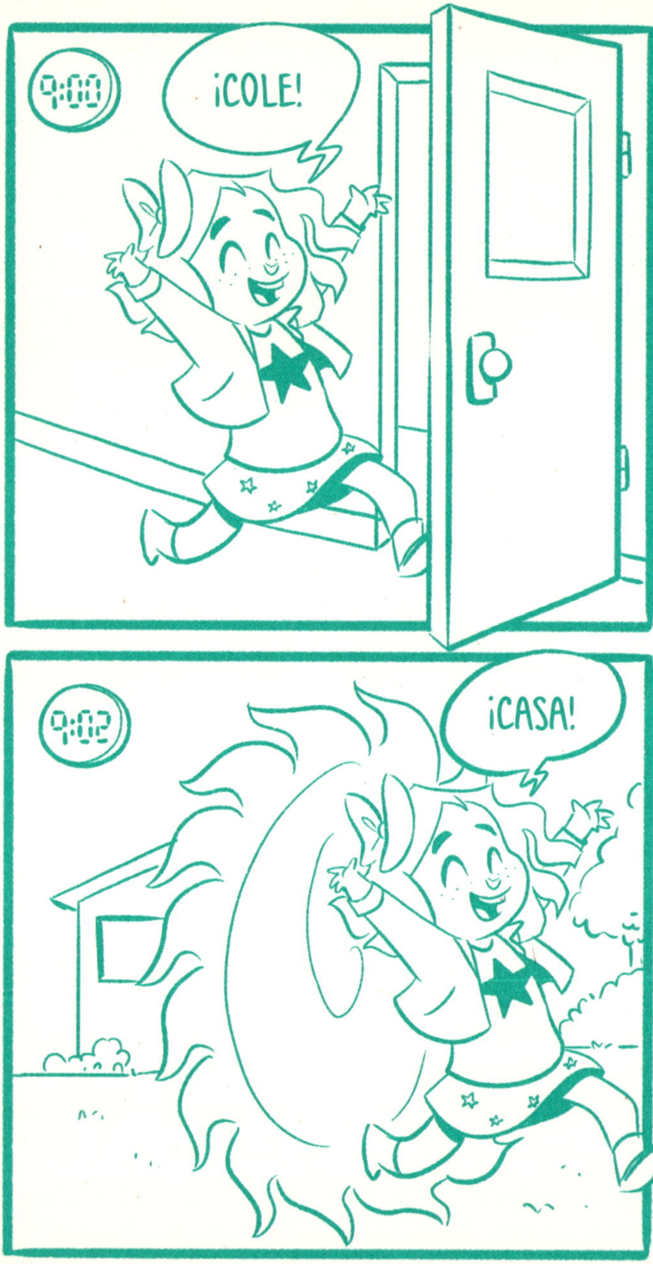
9:00
¡COLE!
9:02
¡CASA!

Yo saco mi móvil del bolsillo, a ver si me da tiempo de grabar un musical.ly antes de llegar a la feria. Clodett ya ha subido uno hoy y yo aún nada. ¡Eso no puede ser! Grabo un video con las transiciones que puedo hacer en el coche. Tampoco es que sean muchas (sobre todo si hay ***CUUUUUURVAAAAAAS***), pero lo más importante es que soy una experta haciendo ***PLAYBACK***. ¡Me sé todas las letras! En especial, si son en inglés o solo dicen «LALALA».

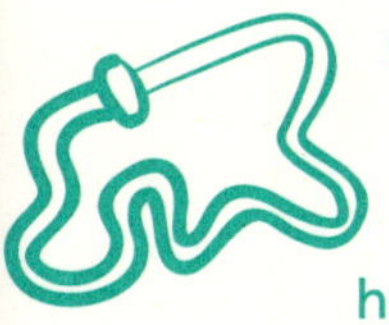

—Mami, ¿puedo publicar este musical.ly?

—Lo tengo que ver primero, ya lo sabes. Guárdalo en privado y cuando pueda lo miro, ¿OK?

Eso lo dice desde la vez que subí un video suyo durmiendo la siesta. Con babilla colgando incluida. ¡ERA LA RISA! Peeeero a ella no le hizo tanta gracia cuando lo vio. Y desde entonces revisa cada video antes de subirlo.

Qué pesada, siempre igual. ¡Qué ganas tengo de hacer mis propios videos y posts! Tengo muchas ideas que revolucionarían el mundo del entretenimiento. Por ejemplo: quiero hacer musical.lys con animales. ¿Os imagináis un panda cantando Beyoncé? ¿Y un oso perezoso haciendo música **HEAVY**? ¡Serían un **EXITAZO!**

Después de un trayecto de más de cuarenta minutos, en el que paso el rato haciendo el mejor ***PLAYBACK*** de mi carrera, llegamos a la feria. ¡QUÉ PASADA! Todo el edificio es de cristal, como si fuera de Nueva York o, mejor, de alguna superciudad del futuro.

—Mami, ¿cuándo han construido esto? Que yo sepa, esto no estaba aquí el mes pasado... Tienen que haberse dado mucha prisa...

MATEO, como siempre, ya está dándole al coco.

—Hay una manera de hacerlo tan rápido... ¡con muchas impresoras 3D!

Ese es HUGO que, como ya os he dicho, de mayor quiere ser ingeniero y le pirran las **MEGACONSTRUCCIONES**. Si él dice que puede hacerse, yo me lo creo. Una vez construyó un chalet para Charlie y Max con piezas de **LEGO**, con gimnasio incluido. ¡Como si los gatos fuesen a hacer abdominales por la noche, con lo vagos que son!

¡VAMOS A ENTRAR YA EN LA FERIA! Hugo empieza a caminar muy rápido, y eso que lleva su mochila a cuestas llena de cosas. Además de la ***TABLET***, siempre lleva papeles para hacer origami, rotuladores, unas cuantas chuches, su móvil y el cargador, no vaya a ser que se quede «desconectado» por falta de batería.

Camina tan rápido porque está convencido de que va a encontrar un robot que le haga los deberes. **¡QUÉ MORRO TIENE!**

No entiendo esa manía de no hacer los deberes, si a mí me encanta. Yo creo que es mejor idea estudiar mucho para inventar una máquina que te dé todo lo que necesites sin tener que trabajar. Molaría mucho. Me pasaría el día grabando. O haciendo musical.lys. O en la piscina. ¡Eso sí que es un buen plan!

Aunque quizá, para cuando invente la máquina, ya me habré hecho tan vieja que no tendré ganas de grabar. Espera. ¿Yo, sin grabar? **¡IMPOSIBLE!** Con lo que me gusta la cámara...

Dentro del edificio todo es blanco y plateado y parece *muuuuuuy caro*. Cada vez que toco algo, se acerca un trabajador con guantes para sacar brillo con un algodón. Parece que estamos en otro planeta, **¡CÓMO MOLA!** Hay un montón de estands con cosas raras que no sé para qué sirven.

Hay pantallas con tanta definición que puedes ver las células de la piel de las personas. ¡Es genial para YouTube! Flipo cuando pruebo una: **¡MIS PECAS PARECEN GIGANTES CUANDO LAS AMPLÍAS!** Hugo y Mateo la prueban a la vez.

—¡Hala! ¡Pero si vuestras células son igualitas a vosotros! —se burla Mami—. Las de Dani no paran de moverse, las de Hugo están vagueando y las de Mateo están cuadriculadas. ¡TAL CUAL!

Eso es guay, pero aún es mejor el robot que te reemplaza si un día no te apetece ir a algún sitio. Hugo ya está preguntando el precio para llevárselo a casa. Es tan perezoso que seguro que está planeando enviarlo a la escuela en su lugar...

Seguimos nuestra ruta por **LA FFF**.

—Mami, ¿podemos ir allí? —Ese es Mateo, y está señalando un estand de gravedad cero, de esos donde te ponen un traje como de astronauta y te suben arriiiiiba, arriiiiba, como si fuera un túnel de viento.

Si Mateo fuese astronauta de mayor, me lo imagino adelantando a las otras naves espaciales para ser el primero en pillar sitio en Marte.

—Mateo, es mejor grabar un poco por este lado, hay cosas superinteresantes para enseñar a vuestros seguidores. —Mateo pone los mismos ojitos que Charlie y Max cuando quieren mimos, y Mami no puede resistirse. No sé si es porque es el mayor, pero tienen una conexión especial (y no me refiero al wifi)—. Bueeeeeeno..., vaaaaale, id solos. ¡Pero no rompáis nada! Nos vemos en la entrada en media hora, ¿OK?

—**¡YAAAAAAAAAAAAAAAAAAAAY!** —gritamos los tres a la vez. Mami nos mira con cara de «Chicos, que no estamos en casa grabando. No gritéis tanto». Ups.

No parece muy convencida de dejarnos solos, pero se olvida de nosotros en cuanto ve un carrito con chuches gratis. Sí, a mi madre le gustan las chuches más que a nosotros. Incluso nos las roba si nos despistamos... Cada Halloween, cuando vamos de ***TRICK OR TREAT*** pidiendo caramelos de puerta en puerta, ella es la primera de la fila, y cuando no le dan chuches (obvio, ¡es una madre!), nos las coge a escondidas de nuestras bolsas. Por eso tenemos escondites secretos en casa para guardar NUESTRAS chuches de su boca devoradora de golosinas.

Enseguida nos olvidamos del estand de astronautas. ¡Tenemos toda la feria para nosotros sin Mami al acecho en plan «NO TOQUES ESTO» y «NO TOQUES LO OTRO»! ¡Tenemos que aprovecharlo!

Por algún extraño motivo, cada vez que nos alejamos del **RADAR DE MAMI**, nuestros instintos más locos se desatan. Es algo que no podemos reprimir, y somos capaces de las mayores locuras.

Y de los tres Crazy Haacks, yo soy, sin duda, la más alocada.

Después de alejarnos del campo de visión de Mami, nos perdemos por los pasillos de la feria. Buscamos algo que nos guste a los tres y eso es casi imposible. ¡SOMOS TAN DIFERENTES! Por fin, encontramos un estand que tiene cámaras de video. Esto SÍ es algo que nos gusta a los tres.

Pues allá vamos. Nos ponemos delante de una de las cámaras y empezamos nuestro show: MATEO saca la lengua y se pone bizco, HUGO pone caras raras y yo..., bueno, yo básicamente hago poses muy locas. Mis favoritas y mundialmente conocidas son:

1) LA FLAMENCA LOCA: una mano en la nuca y otra en la cadera, cabeza ladeada y sonrisa enseñando tooodos los dientes.

2) EL MANDRIL GANADOR: culo hacia atrás, mano que hace señal de victoria y guiño con el ojo izquierdo, ¡el otro no me sale!

3) MORRITOS DE PATO: beso en la palma de la mano y soplido lanzador de besos.

Hugo y Mateo se parten de risa conmigo, pero creo que el hombre del estand no sabe dónde meterse. Sobre todo cuando a una chica del estand de al lado le entra la risa floja. Y luego a otro chico que está montando unos robots más adelante. Y luego a una señora de dos estands más al fondo que, por lo que parece, estaba programando alguna especie de ***GADGET*** tecnológico y no puede parar de reír.

Mis posturitas han provocado una pandemia de risa. Como la varicela, pero mucho más divertida.

En un momento, toda la sala está riéndose de nuestras payasadas porque nuestra cámara ¡está conectada con la pantalla gigante de la feria! Uno de los guardias de seguridad se fija en nosotros y empieza a acercarse con cara de que le haya sentado mal el desayuno. ¡Más vale que nos vayamos o van a llamar a Mami!

CAPÍTULO 4

KLAUS

Tenemos que huir antes de que nos echen por alborotadores (Mami nos castigaría un mes sin wifi y no creo que pudiese soportarlo). Hugo nos arrastra al estand de un **ROBOT** con tutú, a ver si con un poco de suerte sabe hacer los deberes de lengua. Pero justo antes de llegar, un chico con un aspecto muy raro nos saluda desde la mesa de al lado. Va despeinado y tiene un ojo hacia cada lado. Lleva unas gafas **ENORMES**, una camiseta de STARWARS y una bata blanca. ¡VAYA PINTA DE **FRIKI!**

$\sim\forall x\forall y[p(x,y)] \equiv \exists x\exists y[\sim p(x,y)]$ $\coth(z) = i \cot(iz)$

$\operatorname{arccoth}(z) = 1/2 \ln((z+1)/(z-1))$

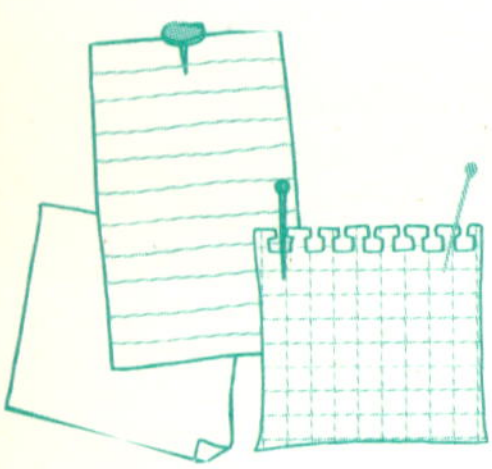

Como todos los frikis del mundo, tiene un montón de papeles desordenados encima de la mesa. Hay cálculos, fórmulas y un montón de números que solo puede entender un chiflado de las mates.

A mí me gustan los deberes, ¡pero esto parece un montón de jeroglíficos!

$\sim\exists x\exists y[p(x,y)] \equiv \forall x\forall y[\sim p(x,y)]$ $p \vee F \equiv p$ $p \vee T \equiv T$

Seguro que en el cole lo que más le gustaba era ***SCIENCE*** y ***MATHS*** y sacaba las mejores notas.

Espera un momento. Eso solo puede significar una cosa.

FÓRMULAS MATEMÁTICAS + BATA BLANCA + GAFAS HIPERGRANDES = ¡INVENTOR!

¡Síííí! Estoy segura de que es un inventor. Solo espero que no sea un inventor que planea el fin de la humanidad con un ejército de robots aún más locos que él.

—**HALLO**. ¿Buscáis algo **SPEZIELL**?

Vaya, parece amable. Aunque tiene un acento MUY raro... No habla un castellano normal. Creo que es extranjero. ¿Y si es un científico loco **ALEMÁN**?

¡Podríamos grabar con él un reto con salchichas en vez de con galletas!

—Disculpad, no me he presentado. ¡No penséis que soy un inventor tarado! —Pues el hombre ha dado en el clavo. Justo eso estaba pensando. ¿Leerá la mente?—. Mi nombre es KLAUS. ¿Os puedo ayudar?

Me adelanto a mis hermanos:

—¿Eres un CIENTÍFICO LOCO?

—Un poco —responde el inventor.

—Gracias —digo satisfecha. Me gusta la gente sincera, incluso si está loca de remate—. Me quedo más tranquila.

Hugo se ha acercado a una cámara muy rara en medio del estand.

—Hummm... ¿Para qué sirve esta cámara de aquí? —Ya está Hugo con sus preguntitas. ¿Pues para qué va a servir? ¡Para hacer fotos y grabar videos! Pero ¿no ve que tiene ahí el objetivo y la «ruedecita»?

—Parece una cámara normal, ¿verdad? —dice el inventor alemán—. Pues... ¡no es así! En esta feria nada es lo que parece. Esta cámara la fabricaré dentro de trescientos años, en el año 2318.

—***WHAT?!*** ¿**DENTRO** de trescientos años? —preguntamos a la vez mis hermanos y yo.

¿Cómo puede haberla fabricado en el futuro? ¡Eso es **IMPOSIBLE!** Seguro que ha querido decir otra cosa y, como no es español, lo ha dicho mal. Yo muchas veces quiero decir una cosa en castellano, pero me sale en inglés porque no encuentro la palabra en español, y es un poco lío. Así que acabo haciendo una mezcla extraña de los dos idiomas. Como cuando hacemos recetas locas, pero con palabras.

Muchos modos de grabación y con nombres MUY raros.

Un objetivo GIGANTE (seguro que se nos ven hasta los pensamientos).

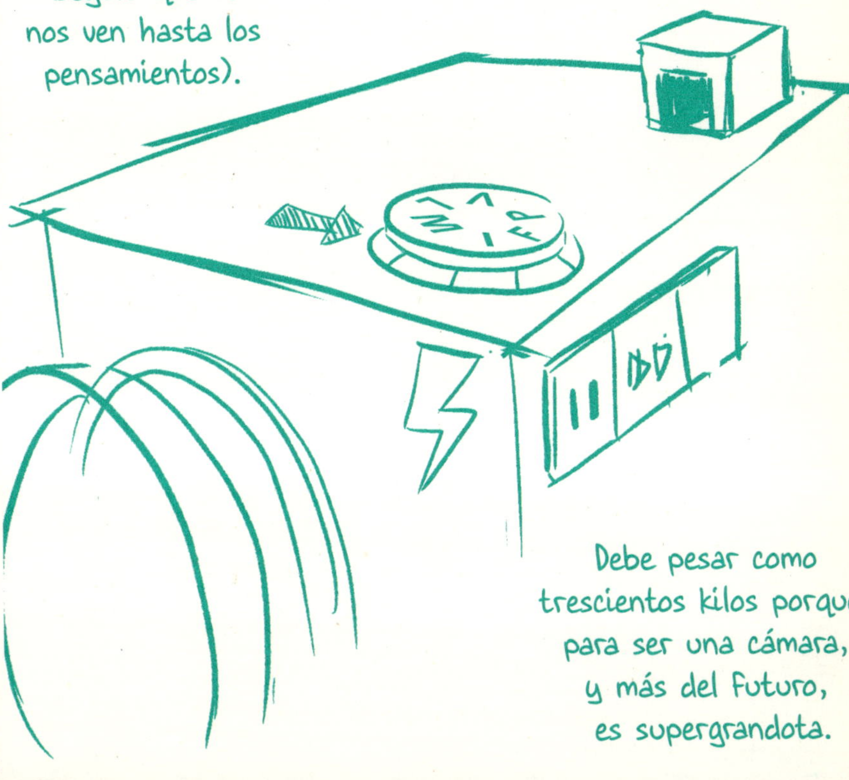

Debe pesar como trescientos kilos porque, para ser una cámara, y más del futuro, es supergrandota.

—¿Quieres decir que se construyó **HACE** trescientos años? —Mateo corrige al científico, como siempre. ¡No se puede callar ni una!

—***NEIN, NEIN!*** La construiré dentro de trescientos años, en el futuro, cuando seré un inventor famoso. ¡Esta cámara es única, irrepetible, irremplazable, inimitable!

Si él insiste, no le vamos a contradecir. Por algo somos The Crazy Haacks: las locuras nos atraen como si dentro de nosotros hubiese un imán loco. ¿Y si nos lo colocaron al nacer? Eso lo explicaría **TODO**.

—Bueno, vale, y ¿qué la hace tan especial? Sí, tiene un diseño raro, pero no parece especialmente práctica para grabar. La de mi madre es mucho mejor.

Ya está Mateo otra vez sacando faltas. ¡Qué pesado! Aunque tiene razón: la cámara es **MUY** rara, nunca he visto ninguna que se le parezca.

Pero eso ahora da igual. Lo importante es que tenemos que irnos **YA**, antes de que Mami empiece a buscarnos por toda la feria. Lo último que quiero es volver a pasar la vergüenza de que nos llamen por megafonía. ¡Eso, nunca más!

Además, hay algo en este científico que me da miedo. Aunque **SOLO UN POCO**, ¿eh?

—Mateo, tenemos que irnos antes de que Mami ponga a todos los vigilantes de la feria a buscarnos.

—Parece que a Hugo tampoco le hace mucha gracia este tal KLAUS. Además, con esos ojos que tiene, ¡es imposible saber hacia dónde mira!

—Espera, Hugo, yo quiero saber qué hace esta cámara para ser tan especial. Si es que tiene algo de extraordinario, claro, porque parece una cámara **NORMAL**.

¿?

—Te equivocas, ***MEIN FREUND***, esta cámara es única e irrepetible. Es más, es una cámara **IMPOSIBLE**. ¿Ves las letras que hay en la rueda de la cámara?

—Eeeh, sí. Una **V**, una **P**, una **F**...

V P F

—Eso es lo que hace que la cámara sea **ÚNICA**. Tiene poderes extraordinarios escondidos en cada letra.

—Ya sé qué poderes son —dice HUGO muy serio—. Si la colocas en la posición **V**, sale una ventosidad; en la **P**, sale un pedo, y en la **F**, una flatulencia.

Me parto y me mondo. Mateo pone los ojos en blanco porque se las da de mayor. Debe ser que los chistes de pedos son poco sofisticados para alguien **TAN MAYOR**.

—**ERROR** —contesta el científico—. Esta cámara esconde un secreto mucho más interesante...

—Y menos apestoso, espero —añado yo, para reírnos todavía más.

—Recuerde que es una CÁMARA IMPOSIBLE, ***FRAÜLEIN***.

OH-OH. Hay varias cosas que no cuadran, y esto está empezando a complicarse. A complicarse **MUCHO**. Es hora de convocar una EMERGENCIA DE HERMANOS para huir de este científico loco antes de que nos utilice para uno de sus experimentos. Podría intentar secuestrarnos para robarnos el cerebro o, aún peor, ¡para quitarme mis pecas!

No me queda otra opción, así que lo intento con nuestro gesto secreto: me rasco la oreja mientras estornudo. Y...

—¿Te ha picado algo? —pregunta Hugo. Tengo que exagerar el gesto todavía más para que se den cuenta.

¡BINGO!

Mateo y Hugo han reconocido nuestro código para Emergencias de Hermanos y nos separamos del inventor.

—CHICOS, HAY QUE IRSE DE AQUÍ...

CAPÍTULO 5

BAILAR Y BAILAR

De repente, justo cuando estaba a punto de convencerles para irnos, algo pasa en el estand del lado. Suena una música y el robot con tutú que quería ver Hugo... ¡ha empezado a bailar hip-hop! ¡Parece el protagonista de un videoclip del futuro!

Da igual que corramos peligro de muerte. Siempre que hay un baile, ¡me olvido de todo lo demás!

Hugo y yo nos acercamos para verlo de cerca.

IT'S AMAZING!

El robot no para de mover su esqueleto de cables y metal como si fuese un bailarín profesional. ¡Incluso mueve su culete cuadrado! Le voy a pedir a mamá que me lo compre, sería el compañero **IDEAL** para mis musical.lys.

Por el pasillo pasa una chica de esas rubias, con el pelo SUPERLARGO, un bolso EXTRAGRANDE y unas gafas de sol **ENORMES**. Es una influencer fijo, de las que veo en Instagram. ¡Pero si estamos dentro de un edificio y no hay sol! Pero eso no es lo más fuerte: justo cuando pasa al lado del robot..., **¡SE PONE A BAILAR!**

Por si eso fuera poco, un señor con peluquín todo trajeado y una abuela muy mayor se han unido a la discoteca improvisada en medio de la feria. Y no están bailando precisamente un vals de esos lentos y aburridos. No. ¡El señor ha hecho una voltereta EN EL AIRE y la abuela parece que tenga los huesos de goma!

¡Esto es **MUY CRAZY**!

El dueño del estand nos sonríe al vernos tan asombrados y se acerca para susurrarnos:

—Este robot emite unas ondas que hacen bailar a las personas que las reciben. Todos lo que son tocados por las ondas se convierten en expertos bailarines.

—***AWESOME!*** Daniela, ¡vamos! —Hugo me arrastra con él—. Este robot nos convertirá en los mejores bailarines.

¡Por fin mi sueño se hará realidad! De mayor voy a ser una cantante y bailarina famosa, pero aún tengo que perfeccionar mis pasos. Así que ¡esta es la oportunidad perfecta!

Si me ven bailar en YouTube, seguro que la semana que viene un montón de discográficas me llaman para contratarme. **YES!** Y empezaré una gira por todo el MUNDO, desde Teruel hasta Pekín. Y tendré un montón de fans que me dejarán flores y golosinas en el camerino (sobre todo golosinas..., ¡pero que no las vea mi madre!), y, y...

Espera. Para que pase todo esto ¡alguien tiene que grabarme!

HUGO y yo nos acercamos al robot y, de repente, la música se apodera de nosotros. Mi cuerpo empieza a bailar sin que yo piense los pasos y mis brazos se mueven tan rápido que parece que sean las hélices de un avión a punto de despegar. Parece que me haya poseído el grupo de bailarines de LADY GAGA al completo. ¡Nunca jamás he bailado tan bien! **¡¡Y SIN HABERME PREPARADO LA COREOGRAFÍA!!**

—MATEEE, ¡¡GRÁBANOS YA!!

—¡No tengo batería en el móvil!

Mateo mira a su lado y coge la cámara imposible para grabarnos. Justo en ese instante, antes de que pueda darle al ●REC, Hugo levanta la pierna como si fuese a dar una patada... ¡y empieza a dar vueltas! Nunca imaginé ver a mi hermano bailando ballet, ¡NI HACIÉNDOLO TAN BIEN!

Mientras Hugo da vueltas, el señor del traje hace un mortal hacia atrás y... ¡se le cae el peluquín! ¡Está absolutamente calvo!

El peluquín parece un caniche volando: se desliza por el suelo y va a parar a los pies del robot, que resbala y se cae boca arriba. Sigue bailando, pero como si fuera una cucaracha. ¡El robot no puede ponerse en pie!

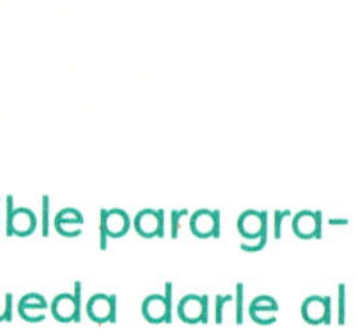

—Hugo, no sé qué pasa —digo preocupada—. De repente, estoy bailando muy rápido. ¡No puedo parar!

Bailo tan deprisa que parezco un video con reproducción extrarrápida.

Y, de moverlos tan enloquecidamente, los brazos empiezan a dolerme y tengo miedo de salir volando.

¡¿QUÉ ESTÁ PASANDO?!

—¡Creo que es culpa del robot, Dani! ¡Se ha descontrolado! —Hugo está igual que yo. Su pelo parece un ventilador—. Como está boca arriba y se mueve más deprisa, ¡está acelerando el ritmo de la música!

Cada vez bailamos más rápido. Y más rápido. **Y MÁS RÁPIDO.**

Y MÁS RÁPIDO.

De repente, nuestros cuerpos dejan de bailar. ¡Por suerte el encargado del estand ha pulsado el botón de emergencia! Hugo y yo nos desplomamos en el suelo. Estoy supermareada y me duelen hasta las uñas de los pies. ¡Pero no habrá **NADIE** que baile a tanta velocidad como yo! Cuando suba el video a YouTube, seguro que se hace viral y entra en el **TOP** de tendencias. Ya me imagino la próxima gala de la **MTV**:

¡Bailarina estrella invitada...

LADY PECAS!

Mi único problema será no tropezar al salir a recoger el premio.

Cierro los ojos para coger aire. Mi sueño se hará realidad, pero eso de bailar tan rápido es más agotador de lo que parece. ¡Me siento como si hubiese hecho treinta clases de gimnasia seguidas! Y no cualquier clase de gimnasia, sino las de MR. GRU (le llamamos así porque se parece a GRU, claro...), que nos hace correr media hora **SEGUIDA.** ¡Lo odio!

Le pregunto a Mateo si ha grabado primeros planos de mi baile estelar, pero...

—¡UPS! Dani, perdona... Me he asustado tanto al veros fuera de control que no le di al botón de grabar.

Vaya. Mi carrera al estrellato ha terminado antes de empezar. Y todo porque a mi hermano se le ha olvidado apretar un botón. No me lo puedo creer.

—¡Chicooos! ¡Venga, que nos vamos!

—Mami nos llama desde el final del pasillo. ¡Suerte que no se ha enterado de nada!

—¡Ya vamooos!

Mateo se acerca corriendo a ayudar a Hugo, que aún está tumbado en el suelo boca abajo. Lleva la cámara en las manos y para poder levantarlo la mete un momento dentro de la mochila de Hugo, que aún lleva puesta. ¡Veremos si su iPad funciona después del centrifugado bailarín!!

Vamos corriendo hacia la salida y pasamos por delante del estand de Klaus. ¡Está tan concentrado con la revista ***FRIKIS DEL MAÑANA*** que ni siquiera se ha enterado de todo el show que hemos montado en el estand de al lado! Apuesto a que si hubiera una estampida de mamuts delante de sus narices no se daría ni cuenta.

No tenemos tiempo para pararnos, así que lo saludamos rápido y nos alejamos mientras él sigue escribiendo números y fórmulas extralargas. Es imposible adivinar si está diseñando su próximo invento o haciendo un sudoku nivel **EXTREMO**. ¡QUÉ CHICO MÁS RARO!

CAPÍTULO 6

KEVIN

Vamos los tres corriendo hacia el coche para que Mami no nos pueda mirar a los ojos. A ver, todo tiene una explicación. Mi madre tiene un superpoder: solo con mirarnos puede saber si la hemos liado. Y en la feria la hemos liado, y **MUCHO**. Así que lo mejor es huir de sus poderosos RAYOS X antes de que nos detenga, nos mire y lo descubra todo.

Tenemos un truco para estas ocasiones: pasamos junto a ella caminando de espaldas y silbando. Así no puede vernos los ojos ni analizarnos la voz. ¡Fácil!

—¿Qué hacéis? —pregunta extrañada. Por suerte, está distraída revisando los videos que ha grabado dentro.

—UN RETO —se inventa Mateo—. Caminar un kilómetro de espaldas sin caerse.

—¡Eso se avisa! Podría haberlo grabado desde el principio.

Lo importante es que no ha visto nuestra cara de culpabilidad. Mami nunca sospecha de nuestro truco, simplemente piensa que estamos locos.

Ventaja de ser The Crazy Haacks.

Entramos en el coche y... **¡SALVADOS!** Cojo mi móvil para subir a Instagram una foto de mi pose de ***CERVATILLO BORRACHO***. ¡Con esta foto seguro que conseguiré tener más ***LIKES*** que Mateo! Pero... No puede ser.

¡OMG!

¡No me lo puedo creer!

El corazón me va **SUPERRAPÍDO**.

Más rápido que cuando Mami dice que ha llegado un paquete con juguetes.

Tengo que coger aire. Ommm. Vuelvo a mirar la pantalla del móvil y... Sí. No ha sido un sueño. No ha sido el mejor sueño de la historia: ¡es **REAL**!

KEVIN le ha dado al «me gusta» de mi última foto.

No-me-lo-puedo-creer. ¡ME SIGUE! Y no solo eso: ¡me ha puesto un ***LIKE***!

Vale, sí, ya sé que es solo un ***LIKE***. ¡Pero el ***LIKE*** tiene forma de corazón! Si no tuviese un significado romántico, le habrían puesto forma de patata o de tornillo. Pero no, ¡Kevin me ha dado un corazón!

LOVE

Y Kevin... Bueno, Kevin me gusta un poco. Vale, me gusta **BASTANTE**. Más que las cámaras, más que un reto, las **COOKIES** y cantar a la vez.

Es amigo de Hugo, y es alto y rubio y el mejor jugador de fútbol del cole. ¡Y me ha puesto un ***LIKE***! ¡¡A mí!! ¡¡En la foto de ayer con mi ropa nueva!!

—¡KEVIN ME SIGUE!

No puede ser. Estoy tan contenta que lo grito por la ventanilla (Rafa se lleva tal susto que casi choca con un carrito de helados) y me pongo a bailar en medio del coche.

Mateo y Hugo se vuelven lentamente hacia mí, como bestias hacia su presa.

ERROR.

—Daniela, ¿te gusta Kevin? —me pregunta Mateo.

—*WHAT?* —digo disimulando. No puedo creer que se me haya escapado delante de mis hermanos.

—¿Qué Kevin? ¿Mi amigo Kevin? —Hugo me mira con ojos penetrantes y empieza a reírse.

—No, ¡qué va! **JA, JA, JA,** qué gracioso. Si ni me acuerdo de él: de su cabello rubio, de lo bien que chuta al balón, de lo alto y guapo que es... ¿KEVIN? **¡JA, JA, JA!** No sé quién es.

Menuda metedura de pata. Cuando me pongo nerviosa, soy más torpe que Hugo en el reto de escribir con los pies.

—¡A Daniela le gusta Kevin! ¡A Daniela le gusta Kevin! ¡A Daniela le gusta Kevin!

Vale, ya está. **ES OFICIAL**. Me han pillado. ¡Sabía que tarde o temprano se me escaparía el secreto! ¡Qué vergüenza! Ahora tendré que cambiarme de familia y de colegio para evitar el ridículo, **¡ES EL FINAL!** Y como lo digan en un video..., ¡se va a enterar todo el mundo! **NO**, eso no lo pienso permitir. Tengo que disimular.

—Vale, sí, es el amigo de Hugo, pero solamente me interesa por el fútbol. Me he vuelto superfutbolera.

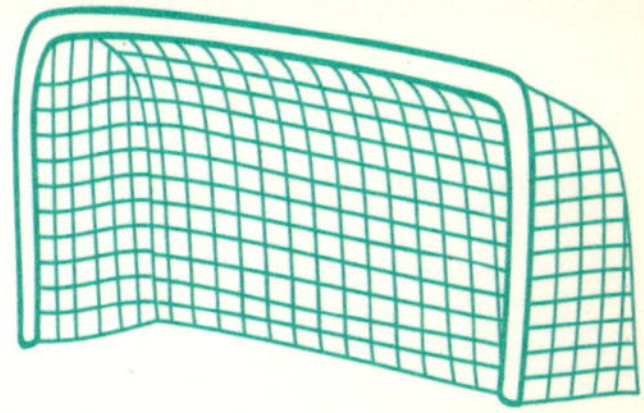

Mis hermanos se miran boquiabiertos. Hasta Mami se vuelve extrañada, y Rafa me observa por el retrovisor del coche.

—¿Desde cuándo te gusta el fútbol, Dani? —Mami no se lo puede creer—. No lo sabía.

Estoy sudando tanto que parece que me vaya a derretir.

—¡Desde... ayer! —me invento rápido. Pienso a toda velocidad—. Me encanta el balón, la red de la portería y...

Mi familia espera a que diga algo más del fútbol. No se me ocurre nada. ¡En menuda trola me he metido!

—Y... y... el balón.

—Eso ya lo habías dicho. —Mateo, siempre tan suspicaz.

—Es que me gusta **MUCHO** —respondo a la defensiva.

Por suerte, hemos llegado a casa y se olvidan de mí. ¡SALVADA POR LA CAMPANA!

—Venga, abajo, chicos. Os dejo jugar un rato y luego a cenar, ¿OK? Hugo, no olvides tu mochila en el coche.

—Ya la cojo yo, Hugo —dice Mateo, tan **SUPER**responsable como siempre, don Perfecto.

¡UF! Bajo del coche corriendo para librarme de sus preguntitas. ¡Qué pesados! Esto es más duro que cuando hice el reto de las preguntas incómodas.

En casa, Max y Charlie están jugando encima del sofá, pero bajan de golpe al vernos entrar. Ya sé lo que quieren: **MIMOS**. Es lo que quieren **TODO** el día **TODOS** los días. Siempre que pasas por su lado se tiran al suelo para que les rasques la barriga y no te dejan pasar hasta que no has pagado el peaje: ¡el peaje de los gatos más mimados del mundo!

—¿Os apetece ir a jugar al sótano? —Hugo siempre está listo para hacer cualquier cosa. Cualquier cosa menos los deberes, claro.

—***YES!*** —respondo a la velocidad del rayo.

—¿Mateo?

MATEO no responde. Se ha puesto pálido, blanco como un fantasma. Y parece muy agobiado.

—¿Qué pasa, Mateo? **¿MATEO? ¿MATE? ¿MAT? ¿MA? ¿M?**

Ya no me quedan nombres que probar, pero mi hermano sigue petrificado, igualito que cuando nuestros videos se quedan congelados en la pantalla.

De pronto reacciona.

—¡¡Chisss!! HUGO, DANIELA, **¡VENID!** Bajad al sótano conmigo...

CAPÍTULO 7

«LA» CÁMARA

¡VAYA MISTERIO! ¿Qué le pasa? Creo que nunca lo había visto así. Él es el que siempre está tranquilo. Es tan calmado que, una vez, una vaca entró en casa (¡os lo juro!) y Mateo le pidió amablemente que lo acompañase a la salida.

NO SE ALTERA JAMÁS.

Parece que nos quiere contar algo, pero ¿por qué no nos lo ha contado en el coche, con lo largo que era el camino?

Se asegura de que estemos solos, abre la mochila de Hugo y... saca la cámara. Sí, la cámara de la feria.

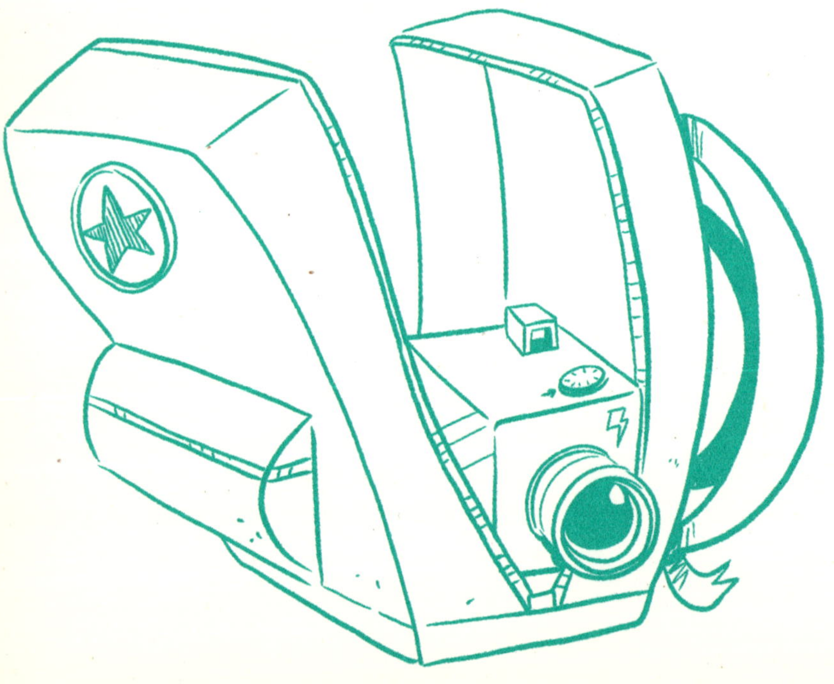

Los tres nos quedamos callados y la miramos. Hugo reacciona:

—Mateo, ¿LA HAS ROBADO?

—¡¡Claro que no!! La he metido en tu mochila para ayudarte a levantarte del suelo durante el desastre del robot bailarín y..., con el follón, me he olvidado de devolverla. Si Mami se entera, nos va a caer una buena bronca...

—Te va a caer a ti —matizo. No es justo que nos castiguen por su culpa.

—Tranqui, MATE. Mañana podemos ir a la feria y devolverla —le dice Hugo para tranquilizarlo. Aunque tiene toda la razón: si Mami se entera, va a volver a contarnos el rollo ese de que no se cogen las cosas que no son nuestras, que hay que pedir permiso, que blablablá.

Y todo porque hace unos meses visitamos el Palacio Real y cogimos la corona prestada para uno de nuestros videos. ¡Fue superdivertido!

La **POLI**, MAMI y el rey no lo vieron igual. Nos cayó la bronca del siglo.

—Sí, seguro que KLAUS, aunque es un poco raro, lo entiende —dice Hugo.

—Pero... ¿y si se piensa que la he robado?

—Mateo, los ladrones no devuelven las cosas. A menos que estén defectuosas, claro. En ese caso, piden un tíquet de devolución.

Hugo tiene razón: si la devolvemos, no pensará que la hemos robado, ¿NO?

Miro otra vez la cámara. Es la cámara más extraña que he visto nunca y aún es más raro todo lo que dijo el inventor de los poderes y del futuro. ¿Cómo va a tener poderes extraordinarios una cámara? ¿Y cómo la va a construir en el futuro si la tenemos aquí ahora en nuestras manos? ESO ES IMPOSIBLE. ¿Y si la probamos a ver si estaba realmente chiflado?

Hugo parece leerme el pensamiento.

—Ya que tenemos la cámara aquí... ¡Es la oportunidad perfecta para averiguar qué hace que sea tan **ESPECIAL**! Podemos grabar algo ahora y mañana la devolvemos. ¡Nadie se dará cuenta!

Estoy de acuerdo con él. Hugo no tenía una idea tan buena desde que se le ocurrió tener un mando a distancia para cada hermano, para no pelearnos por la tele. El problema fue que seguíamos teniendo solo una tele, así que era imposible poder ver una peli sin que alguien cambiase de canal.

MATEO niega con la cabeza, pero HUGO ya ha cogido la cámara y la está examinando. ¡Ahora es mi turno!

—¿PUEDO COGERLA? ¿PUEDO? ¿PUEDO? ¿PUEDO? **¿PUEDO?**

—Sí, Dani, pero con muuucho cuidado. ¡Hay que devolverla intacta!

Nada más cogerla entre las manos, se me cae al suelo. ¡Qué patosa soy! Parece que tenga los dedos de **SLIME**. Mateo me fulmina con la mirada.

—Je, je —me río mientras recojo la cámara del suelo. Por suerte, no se ha hecho ni un rasguño. Es más dura que la cabeza de Hugo. Un día chocó con una pared y se rompió la pared, en lugar de su cabeza.

Puede que sea un poco grande, pero es la cámara más **COOL** que he visto en mi vida (y cuando eres **YOUTUBER**, has visto unas cuantas). Parece pesada, pero cuando la coges es como una pluma.

Brilla mucho cuando le da la luz y a mí eso me encanta, ¡parece **GLITTER**! Pero lo más raro, sin duda, es esa ruedecita que tiene. Claro que la de Mami también tiene una rueda, pero esta no se parece en nada a la de ella. No tiene una **A** para grabar en automático ni una **M** de «manual». ¡Tiene seis letras distintas! **V**, **P**, **M**, **L**, **I** y **F**. ¡Qué cosa más rara! **¿FUNCIONARÁ?**

—Esto de la rueda ¿cómo va? Al final, Klaus no nos ha dicho para qué sirven estas letras.

—Iba a decírnoslo cuando os fuisteis a bailar con el robot —recuerda Mateo. A Hugo y a mí nos entra la risa al recordarlo—. Lo mejor será que elijamos una letra y probemos. Es la única manera de descubrirlo.

—Vale, pero ¿qué grabamos? —Sigo con la cámara en las manos—. Mami siempre nos da ideas para el guion... Además, nunca hemos grabado un video solos.

Tanto tiempo queriendo lanzarme a mi carrera en solitario sin la supervisión de la pesada de mi madre que cree que aún soy pequeña y, en el momento de la verdad, me quedo en blanco. ¡Esto es más difícil que resistirse a un plato de pasta con tomate y extra de queso! +++ Cheese

Menos mal que Hugo tiene una idea BRILLANTE.

—¡Ya sé! Podemos hacer el reto del «YO NUNCA, NUNCA...».

Hugo es el mayor experto en YouTube del mundo. ¡Está enganchado! Si Mami no le apagara el ordenador, podría verse tooooooodos los videos del universo de un tirón (incluso esos tan aburridos de tutoriales para fabricar muebles de cartón o madera). Lo bueno es que siempre tiene buenas ideas para hacer videos.

—Yo digo «Yo nunca, nunca he...», por ejemplo, «besado a una chica». Y si Mateo sí que ha besado a una chica, pues tiene que comerse una chuche **EXTRA-EXTRA**picante.

Me quedo muda. He probado las chuches extrapicantes, pero **NUNCA** me he atrevido con la **EXTRA-EXTRA**. Me está entrando el tembleque.

—¡Vale, Hugo! Pero no vale mentir, ¿eh?

Mi hermano mediano es un poco tramposo. Una vez negó que se había zampado una tarta entera..., pero tenía la cara cubierta de chocolate.

—Bueno, ya veremos... No os voy a contar aquí todos mis secretos... Y si he besado a una chica, ¡no lo diría en un video que van a ver millones de personas!

—¡¡ME PIDO GRABAR!!

Suerte que he sido rápida. Hay que aprovechar cualquier distracción. No quiero participar en el reto porque pierdo seguro, y dos retos perdidos en un mismo día es demasiado. ¡Prefiero grabar!

HUGO y MATEO ponen encima de la mesa los caramelos **EXTRA**.

Son los caramelos que nos enviaron de la **PFCM** (Picantísima Fábrica de Chuches de México). Qué miedo: la etiqueta dice que son tan picantes que tienes que beberte un río entero para quitarte el sabor.

Bueno, yo me preparo. Cojo la cámara con cuidado y giro la ruedecita. ¿Qué letra selecciono? No me suena ninguna... Ah, la **V** de «video», claro, ¡QUÉ TONTA!

—¿Listos? Vale, pues voy. Una, dos y... **¡GRABANDO!**

¡CLIC!

CAPÍTULO 8

«V»

—Empezamos, chicos. «Yo nunca, nunca... ¡he mentido a Mami!».

Hugo y Mateo se disponen a comer un caramelo. ¡Eso significa que **SÍ** han mentido a Mami! ¡Y lo reconocen!

Se ponen el caramelo en la boca y... ¡su cara es como si se estuvieran comiendo un limón relleno de pimienta **EXTRA-EXTRA** picante!

—**¡JA, JA, JA!** —Me muero de risa. ¡Este juego es mucho mejor de lo que esperaba! Parece que se lo han tomado muy en serio. O a lo mejor no saben mentir. Sea como sea, es el momento ideal para saber todos sus secretos. ¡Tengo que aprovechar para interrogarlos!

—¿En qué habéis mentido a Mami?

—¡Puf! En muchas cosas. La semana pasada, por ejemplo, le dije que no podía cenar porque me dolía la cabeza y, en realidad, era porque había comido un montón de chuches antes de la cena.

—¿Qué chuches, Hugo? —interrogo—. ¿Las que me dieron **A MÍ** en el cumpleaños de mi amiga y que luego no encontraba? ¡Dijiste que tú no las habías tocado!

—Sí, me las comí a escondidas en el baño. ¡Incluso las que se me cayeron al suelo!

Mateo y yo ponemos cara de asco. ¡Lo del suelo no se come! A menos que sean patatas fritas. Porque las patatas son tubérculos que salen directamente de la tierra, así que no pasa nada si te comes una patata frita después de que se te caiga. Bueno, sí que pasa, pero están tan buenas que vale la pena comerse un poco de tierra.

Pero eso no es importante. O no **MUY** importante. Lo importante es que Hugo acaba de confesar algo que le puede traer **MUCHOS** problemas. ¿Por qué no se calla? ¡Nadie le obliga a contarlo **TODO**!

—¡Estoy en **SHOCK**! —exclamo emocionada.

—No, no quería decir eso...

—Entonces, ¿no te las comiste? —le vuelvo a preguntar.

—Sí —contesta muy rápido.

—¡QUÉ MORRO! —le digo, enfurruñada. Pero me da pena, porque tiene cara de asustado.

—No sé qué me pasa, Daniela, ¡no puedo mentir! Es muy raro, ¡mi boca acaba diciendo la verdad! ¿Por qué no le preguntas a Mateo, eh? ¡¡No quiero ser el único que comparta un secreto delante de la cámara!!

Hugo tiene razón. Es el turno de Mateo. ¡Por fin podré vengarme de su victoria en el reto de las **COOKIES**!

—Mateo, ¿cuál fue la última vez que mentiste?

—Mmmmm... Hugo, ¿te acuerdas cuando el martes no pudiste ir al entrenamiento de fútbol porque no llevabas espinilleras? En realidad, era porque las tenía puestas yo. Se me olvidaron las mías en casa y cogí las tuyas de tu mochila.

¡SUPERSHOCK! Esto es más fuerte que cuando Papi nos dijo que nos mudábamos... ***AGAIN***.

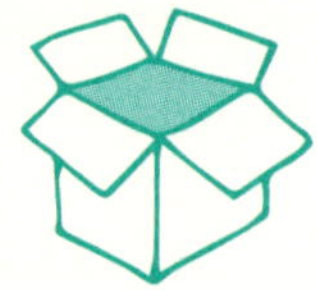

Mateo se tapa la boca con las manos en el momento en el que dice esas palabras, como si lo hubiese dicho sin querer. Oh-oh. Esto empieza a ponerse feo.

—¡Pero si me dijiste que eran las tuyas y que yo me las había olvidado en casa!

El pobre Mateo quiere que se lo trague la tierra. ¡Se siente megaculpable!

Hugo contraataca.

—Vale, pues que sepas que cuando no te eligieron para el concurso de mates ¡fue porque yo les dije que no querías participar! Por eso te descalificaron. —Se ha enfadado con Mateo y empieza a confesar todo lo que le ha hecho. ¡ESTO ES UNA LOCURA!

—**¡¡¡MEGAULTRASUPERSHOCK!!!** —grito, y lo hago tan fuerte que Mami pregunta si todo va bien desde el piso de arriba. Le decimos que Mateo se ha tirado un pedo para que no sienta la tentación de bajar.

—¡¿Cómo?! Ahora te vas a enterar. ¿Recuerdas cuando Mami te castigó sin postre por no haber hecho los deberes? Yo me chivé para comer ración doble de natillas.

Ya no me quedan **SHOCKS** para sorprenderme. Esto se está desmadrando. ¡Están diciendo toda la verdad! ¡Desde el inicio de los tiempos! Hay que pararles, o esto va a acabar mal. **MUY MAL.** ¡Solo era un juego para probar la cámara! Bajo la cámara y la dejo a un lado, me acerco a mis hermanos para poner paz y evitar que esto se convierta en la Primera Guerra Mundial Haack.

—¡Eeeh, chicos! ¡Ya vale! ¡Que lo estáis contando todo delante de la cámara y Mami lo va a ver!

Hugo y Mateo están temblando más que la semana que nos quedamos sin WIFI por averías en la red.

—Dani, no sé qué pasa. ¡Yo no quería decir todo lo que he dicho! Pero no he podido evitarlo.

—A mí me ha pasado lo mismo, Mateo. ¡ES MUY RARO! ¡No he podido mentir! Yo quería decir otra cosa, pero en cuanto me has enfocado con la cámara... ha sido como si las palabras me salieran solas.

¡No me lo puedo creer! Es muy raro, pero... ¿y si es verdad? Han dicho que nunca hubieran confesado lo que han confesado delante de una cámara, ¡y lo han hecho! La única manera de comprobar qué está pasando es preguntarles algo que jamás de los jamases dirían en voz alta.

—¿Habéis besado a alguna chica?

Hugo se tapa la boca con las manos y se pone rojísimo. Hace ruidos muy raros, como si su boca intentase hablar, pero sus manos tapan lo que dicen. ¡Se está autocallando! El forcejeo dura unos segundos hasta que explota:

—**¡LO ADMITO!** Me besé en la playa con una chica que conocí el verano pasado. Pero sin lengua, ¿eh?

WHHAAATTT!

HUGO se deja caer en el sillón, agotado. No hacía tanto esfuerzo desde que entregó unos deberes a tiempo.

¡Esto sí que es un SUPERSECRETO! ¡No tenía ni idea! Es hora de probar con MATEO.

—¿Y tú, Mateo? ¿Has besado a alguna chica?

Sufre el mismo proceso que Hugo. Intenta morderse la lengua, pero es inútil. Finalmente dispara su secreto:

—Yo me besé con una chica de mi clase, detrás del árbol del patio.

¡¡Lo ha dicho!! ¡Eso es algo que Mateo **JAMÁS** reconocería! Aquí está pasando algo **MUY** extraño.

Mateo se levanta y viene hacia mí.

—Aquí pasa algo raro. **¡¡YO NO QUERÍA DECIR ESO!!** A esta cámara le pasa alguna cosa.

—**¡¡YO TAMPOCO QUERÍA CONFESAR!!** ¡Es como si no pudiese mentir!

Los tres miramos la cámara fijamente. Klaus ha dicho que es del futuro y que tiene poderes. Ya sé que es una **LOCURA**, pero después de lo que acaba de pasar... ya no me parece tan ***CRAZY***.

¡Mis hermanos jamás hubiesen confesado todo lo que han dicho! Y menos delante de una cámara. Y menos delante de **MÍ**.

—¿Y si... es **VERDAD**? ¿Y si... es una cámara con **PODERES**?

—Sí, Klaus era raro, pero todos los grandes inventores lo son.

—¡Hay que borrar este video! —Mateo me quita la cámara antes de que me dé cuenta y toca botones sin parar—. ¡BUF! Menos mal que eres una patosilla, DANIELA, no le has dado al botón de grabar y no se ha grabado nada.

—**¿CÓMO QUE NO?** ¡Os juro que lo he grabado todo!

Oímos los gritos de Mami, que nos llama desde arriba.

—¡Chicooooos, a cenar!

Estamos con algo demasiado importante como para preocuparnos por comer. No subiremos hasta que resolvamos el enigma. Pero de pronto Mami pronuncia las palabras mágicas:

—¡CORRED, QUE LAS HAMBURGUESAS SE ENFRÍAN!

Es instantáneo. Nos olvidamos de los besos, la cámara y todo lo demás.

—¡SÍÍÍ! ¡YA VAMOSSSS! —dice Mateo gritando.

Después de cenar y con la barriga llena, ya somos de nuevo personas para pensar en lo importante. El misterio de la cámara no puede quedarse sin resolver, así que por la noche, cuando MAMI se vaya a dormir, nos reuniremos para investigar qué pasa con esta cámara tan rara.

Convoco una REUNIÓN SUPERSECRETA DE HERMANOS en el sótano.

CAPÍTULO 9

REUNIÓN SUPERSECRETA DE HERMANOS

Una reunión supersecreta de hermanos es una cosa **MUY SERIA**. Solamente se puede convocar en ocasiones megaexcepcionales y solo ha habido dos antes:

1) EL DÍA QUE SE ESTROPEÓ INTERNET: casi provoca la Tercera Guerra Mundial en casa. Ni YouTube, ni musical.ly, ni Instagram, ni Netflix. Y Mami sin poder trabajar, que es casi peor, porque se pone de muy mal humor. ¡Tuvimos que echar una partida de Monopoly, que acabó en pelea por las supertrampas de HUGO!

2) EL DÍA QUE MAMI NOS CASTIGÓ SIN KÉTCHUP: si Papi no nos hubiese dado un bote a escondidas, habríamos sido capaces de cavar un túnel secreto hasta el supermercado. Ojalá estuviera aquí y no de viaje para ayudarnos con el secreto de la cámara. Seguro que lo resolvería.
ES EL MÁS LISTO DE TODOS. ★★★★★

El asunto de la cámara no es moco de pavo (que es como un moco normal, pero con menos grasa). El plan era vernos los tres en el sótano a las 3 a.m.

Peeeero bajar no es tan fácil como parece. ¿Recordáis la mirada de rayos X de mi madre? Pues a eso se le suma un oído tan fino que cualquier ruido consigue despertarla. Así que hemos pasado muchos años perfeccionando nuestra técnica hasta conseguir la reunión **PERFECTA**. Las claves para una reunión supersecreta de hermanos en casa son:

* Tiene que ser de noche. Concretamente, a las 3 a.m., la hora en la que siempre suceden cosas cuando los padres están dormidos profundamente.

* Debemos llevar linternas para no encender la luz del pasillo.

* Y las zapatillas antiruidos puestas y bien abrigados para no estornudar.

¡Es imprescindible que se cumplan todos los requisitos! Mami no puede enterarse de que estamos despiertos. Si no, dejaría de ser una reunión supersecreta; es evidente.

Para que no se entere, tenemos que estar **MUY** atentos a sus ronquidos. Cuando llegan hasta el pasillo, significa que está tan dormida que ni una estampida de rinocerontes podría despertarla. ¡Ese es el momento de salir!

Todo va bien hasta que a Hugo le suena el móvil a todo volumen en medio del pasillo.

¡¡PITA A TODO VOLUMEN!!

Mateo y yo nos volvemos y susurramos fuerte a la vez:

—¡APÁGALO!

—Es que me puse una segunda alarma por si me dormía —se disculpa.

Consigue apagarla, pero al minuto suena otra vez.

—También puse una tercera alarma por si me dormía con la segunda.

¡HUGO ES UN DORMILÓN!

Por suerte, los ronquidos de Mami son más fuertes que la alarma del móvil. Solo pueden superarlos en decibelios los de Papi, que hacen temblar las paredes y una vez provocaron un par de grietas en el salón.

Bajamos las escaleras de puntillas y llegamos hasta el sótano. **¡ES HORA DE SABER LA VERDAD!**

—Solo hay una manera de saber si esta cámara tiene poderes —dice Mateo—. Vamos a jugar de nuevo al «Yo nunca,

nunca...» y a grabarlo **TODO**. Pero esta vez grabaré yo... —subraya—. ¿Qué modo has puesto antes, Dani?

—LA V DE BALÓN.

—Balón es con B, no con V —me corrige Mateo.

—¡JOPETAS!, ¿y por qué se pronuncian igual? Esto del español no lo entiendo... *Too complicated!* —Es lo que pasa cuando eres bilingüe, que te lías con la ortografía.

Mateo y Hugo usan las linternas de sus móviles para iluminarse la cara, como cuando nos contamos historias de miedo. Charlie nos ha oído y ha bajado a ver qué hacemos. Pero tiene tanto sueño que solo abre los ojos a medias y va tambaleándose de un lado al otro. Finalmente, decide que no somos muy interesantes y se tumba para seguir durmiendo.

—Grabando en tres, dos, uno...

¡¡¡ACCIÓN!!!

¡SILENCIO! Estoy nerviosa, pero tengo un plan. Y ese plan es no confesar **NADA**. Si consigo estar concentrada, no revelaré ningún secreto.

Cierro los ojos.

Pongo la mente en blanco (tengo un truco: pensar en chocolate blanco).

Y...

—¡Primera pregunta! ¿Alguna vez te has tirado un pedo mientras grabábamos un video?

Mateo es un genio de las preguntas comprometidas. Deberían ficharlo en el **FBI**.

—Er... Sí. No, espera, quería decir que... sí. Que no, ¡que quería decir que sí!

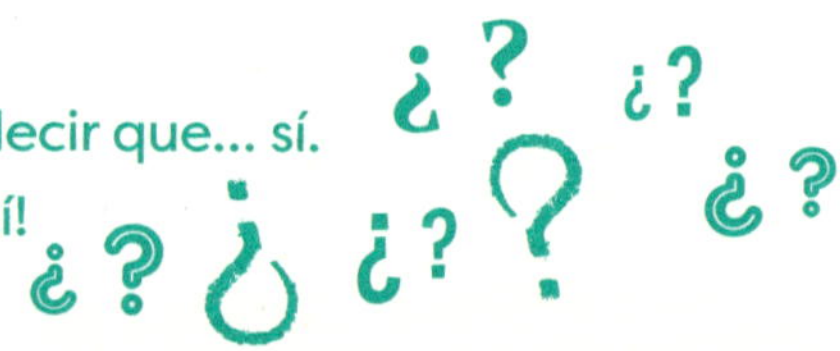

No sé qué está pasando. Estoy concentrada, pero cuando voy a mentir mi boca dice la verdad. **¡NO PUEDO CONTROLARLO!**

Estoy tan, tan, tan nerviosa que de repente se me ha escapado un pedo. ¡Suerte que ha sido de los silenciosos!

Silencioso, pero... ¡creo que es de los que huelen! Oh-oh...

—¿No oléis nada raro? ¡Se ha colado una mofeta en el sótano! —Hugo tiene la nariz más fina de toda la familia. Estoy segura de que en otra vida fue un perro: por el olfato y por lo vago que es—. ¡No! ¡HA SIDO UN PEDO!

Y entonces sucede.

Mi boca habla sin que yo le haya dado permiso.

—¡He sido yo! Que no, que no quería decir eso, que quería decir... ¡Yo me he tirado el pedo!

—¡Qué peste, Dani! ¡Hay bombas fétidas que huelen mejor! —Hugo se tapa la nariz con los brazos.

Pero... *¿por qué estoy diciendo la verdad?*

Era tan sencillo decir que yo no olía nada. Es la excusa perfecta que todos utilizamos en clase cuando nos hemos tirado un pedo. **¡PERO NO PUEDO MENTIR!**

¿Y si mis hermanos tienen razón? ¿Y si todo es culpa de la cámara? ¡Hay que parar antes de que me hagan confesar algo peor!

—¡¡DEJA DE GRABAR YAAAAA!!

—Chisss... ¡Daniela! ¡Vas a despertar a Mami!

Mateo deja de grabar. ¡Salvada! Ahora solo falta borrar el video para que **NUNCA JAMÁS** nadie vea mi confesión.

—MATEO, borra el video. ¡Nadie puede ver eso!

—DANI... Ejem... Tranquila, tenías razón. No se ha grabado nada y le había dado al botón de grabar, estoy seguro.

—¡¡¿¿LO VES??!!

—Vale, vale, pero eso no es lo importante —señala Mateo—. Lo importante es que ha quedado demostrado que esta cámara te obliga a decir la verdad.

—No, ¡lo importante es que Daniela se ha tirado un pedo nuclear! —dice Hugo. Se queda pensando—. Aunque lo de la cámara también da que pensar...

—¿Y si la **V** es la **V** de la palabra **VERDAD**? A lo mejor todo es culpa de la letra. ¡Por eso no podemos mentir!

¡! Nos quedamos los tres en silencio. Puede que Mateo tenga razón, pero... ¿En serio tenemos una cámara que te hace decir la verdad? **¡ESTO ES LO MÁS ALUCINANTE QUE NOS HA PASADO NUNCA!**

—Podría utilizarla para ayudar a la policía a hacer confesar a los malos... —dice Mateo, siempre tan práctico.

«Y yo para preguntar a Kevin si realmente le gusto...» Menos mal que esta vez solo lo he pensado y no lo he dicho en alto. ¡¡¡UFF!!!

—Chicos, tenemos que devolverla. Mañana sin falta. A saber en qué líos nos puede meter esta cámara... —Ya está Mateo el aguafiestas, **DON RESPONSABLE.**

¡Esta cámara es lo mejor que nos ha pasado! ¿Y ya quiere devolverla?

—¡Antes hay que probar la rueda en otra posición! —HUGO opina lo mismo que yo, pero es más rápido y ya le ha arrebatado la cámara de las manos a MATEO—. Voy a usar el modo P con un videoselfi de nosotros tres, ¿vale? ¡Seguro que es la **P** de **PEDOS** y vamos a crear una superbomba fétida entre los tres!

—NO, HUGO, ESPERA A QUE...

Mateo se levanta para detenerlo, pero justo en ese instante Charlie pasa medio dormido por su lado y le pisa la cola sin querer. El gato pega un salto descomunal y aparece en el plano del videoselfi, junto con nosotros tres. Hugo presiona el ●REC y, de repente...

CAPÍTULO 10

«P»

¿QUÉ ACABA DE PASAR? ¿DÓNDE ESTAMOS? ¡ESTO NO ES NUESTRO SÓTANO! Ni parece que nos hayamos tirado ningún pedo porque huele bien... Miro a mi alrededor, pero todo está aún borroso. Creo que eso es un péndulo de Newton, ahí veo un montón de pósters de superhéroes pegados a la pared, una taza con bolígrafos rarísimos... Esto me suena mucho...

Hugo se acerca al escritorio.

—Qué raro... Hay un estuche con tu nombre, MATEO. Quien viva aquí se llama igual que tú.

Poco a poco comenzamos a verlo todo más nítido.

—¡Menuda pasada! —exclama Mateo—. ¡Pero si es mi habitación de Inglaterra!

—¡ES VERDAD! —dice Hugo, flipando y abriendo la puerta. ¡¡Es la casa en la que vivíamos en Inglaterra!! Este pasillo lleva al resto de las habitaciones. Hace un segundo estábamos en España y ahora... ¡estamos A MILES de kilómetros de allí!

—¿Quién vivirá aquí ahora? —pregunto con un poco de miedo.

—¡EY, EY, EY! Esto es muy raro... —Mateo coge a Hugo por el brazo y empieza a pellizcarlo—. ¿ESTAMOS DORMIDOS?

Le da pellizcos a velocidad ninja.

ES RÁPIDO HASTA PARA ESO.

—¡No estamos dormidos!

¡¡PARAAAAA!!

—Esperad un momento.

Si esto no es un sueño, solo hay una explicación: ¡la cámara nos ha teletransportado hasta nuestra casa de Inglaterra!

MANCHESTER
MÁLAGA

¡OMG! Esto es aún mejor que el modo Verdad de la cámara. Si hemos podido ir a Inglaterra en solo un segundo..., eso significa que se acabaron los aviones, las colas del control de seguridad, el tiempo que perdemos yendo al cole... Con esta cámara podré ir a merendar con mis tíos a Tailandia y volver para cenar. O ir a ver un concierto a Estados Unidos a la hora de patio y volver justo a tiempo para la clase de matemáticas. ¡Es el mejor invento del UNIVERSO! Después de los musical.lys y las creps, claro.

Esto hay que inmortalizarlo. Si no, nadie nos creerá.

—Dani, ¿qué haces haciéndote una selfi? ¡Esto es serio!

—¡Mateo, es la única manera de que nos crean cuando lo contemos en el cole!

Pero, al abrir la aplicación en mi móvil y entrar en Instagram... ¡No veo ninguna foto del último año! ¿Se ha borrado todo?

Demasiadas cosas extrañas en tan poco rato. **¡OH, NO!** ¡Y Kevin ya no me sigue! ¿Qué ha pasado? ¿Mi móvil también se ha vuelto loco?

—Tengo una idea. —Mateo nos sacará del lío, seguro—. Si dejamos de grabar, a lo mejor la cámara nos devuelve a nuestra casa. A nuestra casa de ahora, me refiero, la de España. Nos hemos transportado aquí al darle al ●REC, ¿no?

Estamos a punto de salir de ese lío cuando empieza un lío mayor.

Mucho mayor.

La luz del cuarto se ha empezado a tambalear, moviéndose de un lado a otro... y a otro.

¿Qué está pasando? Esto ya empieza a darme **MÁS MIEDO.**

Sigo el cable con los ojos y veo al culpable: **¡CHARLIE ESTÁ AQUÍ!** ¡Y está mordiendo el cable de la lámpara! Seguro que ha entrado en el plano de la cámara cuando hemos empezado a grabar y... ¡se ha teletransportado con nosotros! Pero hay que pararlo. Si sigue jugando con la luz, nos vamos a quedar a oscuras y volver será una misión complicada. O imposible.

—**CHARLIE, ¡¡DEJA EL CABLE!!**

En ese momento los tres miramos hacia la puerta. Como si nos hubiera escuchado, Charlie sale disparado por ella y se escapa de la habitación. ¿He dicho ya que a nuestro gato le gustan más las fugas que a un preso de alta seguridad?

NO WAY!

¡Hay que atraparlo y volver a España cuanto antes!

Voy a salir de la habitación cuando veo que encima de la cama hay una caja de cookies de las que siempre comíamos en Inglaterra. ESO SÍ QUE NO. ¡Son imposibles de encontrar en los supermercados de Málaga! Voy a robar una cuando Hugo y Mateo entran otra vez en el cuarto.

Mateo grita muy flojito:

—Pero, Daniela, ¿qué haces? No es momento de comer cookies. Vamos a buscar a CHARLIE. ¡En esta casa ahora vive otra gente!

—Un momento. —Hugo parece intrigado—. Si aquí vive otra familia... ¿Por qué están tus cosas en tu antigua habitación?

—Porque molan tanto que querrán hacer un museo con ellas —dice Don Presumido—. Ahora no es momento de pensar en eso. ¡Hay que coger a Charlie e irnos de aquí antes de que Mami se despierte y se dé cuenta de que no hay nadie en casa!

Los tres salimos de la habitación y, como si fuéramos espías, caminamos de puntillas por el pasillo y bajamos la escalera. Creo que hay alguien en el *playroom*. Bueno, en lo que era nuestra sala de juegos. Quizá los nuevos inquilinos la hayan reconvertido en comedor.

De repente, oímos una voz. Pero no es una voz cualquiera: ¡parece la de Mami!

—¡MAMIIIIII! —empiezo a gritar.

—¡¡¡CHIIISSS!!! —Mateo me tapa la boca para que no se me escape ni un ruido.

—Dani, Hugo, hay que recuperar a Charlie y volver a casa.

Los tres vamos a entrar en el salón para coger a Charlie cuando...

NO PUEDE SER. No entiendo qué están viendo mis ojos.

Miro a mis hermanos.

—¿Estáis viendo lo mismo que yo? —pregunta Mateo asustado.

—¡Increíble! —responde Hugo—. No sé cómo podíamos vivir con una tele tan pequeña.

—¡Eso no! —le digo. Muevo su cabeza hacia lo verdaderamente importante—. ¡ESTO!

¡Somos nosotros, PERO MUCHO MÁS PEQUEÑOS!

Me pellizco a mí misma y me duele el brazo. Vale, eso significa que estoy despierta. Pero si no es un sueño..., ¿cómo es posible? ¿Cómo puede ser que esté viendo a un MATEO, un HUGO y una DANIELA grabando un video?

La puerta del *playroom* es de cristal y veo que Mami da a los Mini-Crazy-Haacks tres vasos para grabar un video. Y en ese momento me doy cuenta: ¡ese fue el día en que grabamos nuestro video de las piruletas de azúcar cristalizado! ¡El *rocket candy*! ¡En nuestra antigua casa!

Nos miro a los tres y me empiezo a reír. ¡Qué pequeño se ve Mateo! ¡Y vaya pelos tenía Hugo! Pero si parece un surfero. ¡Y mis mofletes estaban rojos, muy muy rojos!

UN MOMENTO.

Este video lo grabamos hace muuuucho tiempo. Y todo está exactamente igual que entonces. Cada uno tiene un vaso con la piruleta de azúcar de un color diferente: Mateo tiene una piruleta azul; Hugo, roja, y yo, verde. Eso solo puede significar una cosa...

¡¡¡HEMOS VIAJADO AL PASADO!!!

Mateo parece que me está leyendo el pensamiento.

—¡Hemos logrado lo que ningún otro científico ha conseguido en la historia! El modo **P** de la cámara significa **PASADO**.

Mi versión mini está explicando algo a cámara.

OH-MY-GOD! **¡QUÉ RARO HABLABA!**

Me da vergüenza y risa a la vez escucharme a mí misma. A Hugo también le da risa cómo hablo y empieza a partirse. ¡Me lo está contagiando!

—¡Chiiisss! ¡Nos van a oír! ¡Y si nos oyen, nos verán! —Mateo, como siempre, es el único que tiene dos dedos de frente.

—¿Y qué pasaría si nos vieran?

—¿Recordáis haber visto a vuestros yos de mayores cuando grabábamos el video de las piruletas? No, ¿verdad? Pues ahora tampoco pueden vernos. Podríamos alterar la historia, ¡y jamás seríamos los *youtubers* de hoy!

ESO SÍ QUE NO: hemos grabado un montón de videos divertidísimos y nos lo hemos pasado genial.

Además, en Inglaterra aún no llegábamos al medio millón de suscriptores ¡y ahora tenemos cuatro veces más! ¡Busquemos a Charlie y vayámonos de aquí!

Mateo tiene razón, pero esto es una pasada y hay que aprovecharlo. Vuelvo a fijarme en cómo los **MINI-CRAZY-HAACKS** graban el video.

Nuestra Mami-del-Pasado va con un jersey verde y un collar muy chulo y a su lado...

¡¡CHARLIE!!

CAPÍTULO 11

OMG

CHARLIE se ha colado por la puerta entreabierta y se está acercando a la mesa. Cada vez más. Nuestros mini-yos aún no se han dado cuenta, pero no van a tardar en percatarse. ¡Nos va a meter en un superlío! ¡Hay que pararlo!

Mateo, al verlo, se lleva las manos a la cabeza. Y en ese momento Charlie da un salto mortal sobre la mesa. ¡Va a por las piruletas!

MAMI-DEL-PASADO pega un bote cuando lo ve. Los pelos se le ponen tan locos que parece que se haya peinado con la aspiradora.

—Pero bueno, chicos, ¿cómo ha llegado este gato aquí? —pregunta Mami-del-Pasado. Charlie se pasea por la mesa y va hacia las piruletas como si no pasase **NADA**. ¡Agghh! ¡Esto es un desastre!

—No tengo ni idea —responde mini-Mateo mientras alza los hombros—. ¡Pero quiero un gato tan bonito como este!

—Os he dicho mil veces que no podemos coger animales de la calle. Hay que vacunarlos antes de...

—**¡PERO SI NO LO HEMOS COGIDO NOSOTROS!** —Mini-Hugo está indignado.

Él solamente tiene escondidas dos cucarachas, seis gusanos y un grillo en su habitación, pero está **SEGURO** de que no ha traído el gato.

Mami-del-Pasado se acerca a la mesa e intenta coger a Charlie, pero él se escapa por los pelos. Sigue corriendo por encima de la mesa y sin querer empuja con una pata uno de los vasos con la piruleta. Y entonces el lío empieza a ser cada vez más gordo.

Con la cola, Charlie ha tirado el vaso encima de mini-Hugo. ¡Ha quedado todo mojado del agua roja! Incluso la cara y el pelo están rojos. Debería hacerle una foto para subirla a Instagram, pero para eso no hay tiempo. ¡Hay que coger a Charlie antes de que la líe aún más!

—**¿DÓNDE ESTÁ?** —pregunto—. **¡CHARLIE SE HA IDO!**

—¡Hay que encontrarlo como sea y volver a España! Hugo, ten la cámara preparada. Vamos a buscarlo, y en cuanto lo tengamos, ¡nos vamos!

—Mateo, Hugo, **¡ESPERAD!** Cuando grabamos este video aún no teníamos a Charlie. Pero al cabo de unos meses, lo adoptamos, ¿verdad? Y cuando Charlie llegó a esta casa..., ¿os acordáis dónde se escondía cuando tenía miedo?

—¡***RIGHT***, Daniela! ¡Se sentaba encima de la lavadora! ¡Vamos!

Abrimos la puerta de la lavandería y allí está, encima de la lavadora. ¡Nos ha estado a punto de meter en el lío más desastroso de la historia y ya está preparado para ponerse a dormir!

Mateo se acerca muy despacito y coge al gato. Desde la cocina oímos la voz de Mami-del-Pasado y unos pasos que se acercan.

—¿Qué oigo por aquí? —dice por el pasillo—. Seguro que los niños se han dejado algún videojuego encendido... ¡Qué manía tienen!

Si no nos vamos ya, ¡Mami-del-Pasado nos va a descubrir! Y ya vale con Mami del presente: dos son demasiado. **¡DOBLE RACIÓN DE CASTIGOS!**

—Hugo, venga, enfócanos con la cámara y deja de grabar. ¡Tenemos que volver a casa antes de que Charlie nos meta en un lío del que no podamos salir!

Sin darnos cuenta, sin saber muy bien qué ha pasado, estamos de nuevo en nuestra casa de España, ¡en el presente! Sí, estamos en nuestra sala de grabación de videos en el sótano. Charlie se escapa de los brazos de Mateo y se acuesta en una silla para dormir. **¡QUÉ MORRO!**

—¿Cómo puede dormirse después de lo que ha pasado? —pregunta.

Oímos un ronquido a nuestro lado. Hugo también está echando una cabezadita. ¡Es increíble! Le doy un codazo para que se despierte.

—Chicos, ¿os habéis dado cuenta de que hemos viajado al pasado... ¡EN PIJAMA!?

Los tres nos reímos a carcajadas. Es verdad, qué poco glamour. Siempre pensé que los viajes al pasado se harían con vestidos como los de los astronautas, blancos y brillantes y con supertecnología de última generación. ¡Y nosotros vamos en pijama y con las zapatillas!

—¡Esta cámara es lo más *COOL* que puede existir! Klaus tenía razón.

NO SOLO ES ESPECIAL: ¡es la cámara más especial de la historia! ¡Hace cosas imposibles! ¿Puedo llevarla mañana al cole para enseñársela a PAULA?

—Esta cámara es peligrosa, Dani. Hay que devolverla mañana **SIN FALTA**. —Mateo se pone muy serio otra vez. Cuando es tan responsable, se parece a Papi: ¡solo le falta una corbata y un maletín para ir a hacer negocios con él! ¡Así es imposible divertirse! Aunque, en el fondo, **MUY** en el fondo, sé que tiene razón. Aunque sea **UN POCO**.

Cojo mi móvil y compruebo que mi Instagram ha vuelto a la normalidad. Todavía tengo un montón de seguidores (uffff) y entre ellos está KEVIN (**ALIVIO MÁXIMO**). Pero... ¡no puede ser!

—CHICOS, ¡SON LAS CUATRO DE LA MAÑANA! ¡Y MAÑANA HAY COLE!

CAPÍTULO 12

MUY MALA IDEA

Abro los ojos y me acuerdo de todo. Pasó, ¿verdad? ¿Fuimos al pasado? ¿O lo he soñado?

Me froto los ojos y miro **MI RELOJ ROSA** (¡me encanta!) ¡Tengo que ponerme el uniforme! Pero tengo sueño. No dormía tan poco desde el día que intenté quedarme toda la noche despierta con mis amigas *youtubers* en el *sleepover* que hicimos en casa. Iba a ser una fiesta de pijamas épica, pero ya se encargó Mami de chafarlo todo, quedándose de guardia hasta que las tres nos quedamos dormidas. Pero seguro que a la próxima logramos superar sus **RAYOS X**.

Cuando bajo a la cocina, me doy cuenta de que no soy la única sobada. ¡Hugo se ha quedado dormido con la puerta de la nevera abierta! Si hasta ha metido el pelo en un plato con filetes empanados...

Y ahora que me fijo... ¡No puede ser! **¡AÚN LLEVA LOS PANTALONES DE PIJAMA!**

Dudo entre hacer una foto para Instagram (seguro que arraso con el *hashtag* #HugoEmpanado) o avisarle.

—Hugo. ¡Despierta! ¡Si nos pillan, se nos va a caer el pelo!

—**¡CINCO MINUTOS MÁÁÁÁÁÁS!** —bosteza.

Eso no es ninguna novedad. Hugo siempre, siempre, siempre quiere dormir más. Para mi hermano, el tiempo en la cama es relativo. Sus «cinco minutos» podrían convertirse en quince horas si Mami no lo sacara a rastras, sobre todo los días que hay cole.

—Todos a desayunar y a DISIMULAR. Bueno, Hugo, primero ponte los pantalones del uniforme... ¡Pareces un loco!

Mami entra en la cocina con una energía que da miedo. Todas las mañanas son iguales: es como un coche de esos eléctricos que se carga por la noche y a primera hora va a toda pastilla. Pues ella es igual. **¿CÓMO PUEDE SER?** ¡Yo tengo que hacer fuerza para mantener los ojos abiertos!

Hoy tiene pinta de ser el lunes más duro de mi vida.

—MAMI —dice Mateo, que es el que está más despierto de todos—, tenemos que volver a la feria futurista porque... porque... nos olvidamos de una cosa.

—¿Qué cosa? Hoy hay cole. Si queréis me acerco yo luego con Rafa y...

PILLADO. Mateo tiene que disimular rápidamente.

—¿He dicho que me he olvidado de una cosa? JA, JA, JA. —El pobre disimula como puede. Hugo y yo estamos supernerviosos con la escena—. No quería decir eso, JA, JA, JA. ¿Cómo me voy a olvidar yo de algo?

—Es lo que has dicho —insiste Mami, mosqueada—. Exactamente «nos olvidamos de una cosa».

—Bueno, sí, he dicho eso. —Mateo sonríe nervioso—. Peeeeeeero me refería a que nos olvidamos de lo más importante: dar las gracias a la feria por ser **TAN GUAY**.

Hugo y yo asentimos a la vez. Quedamos de lo más convincentes.

Mami nos mira como si nos hubiesen cambiado por unos koalas karatecas. Pero justo cuando parece que va a empezar **EL INTERROGATORIO**, Hugo coge la leche y...

—HUGO, ¡hijo! ¿Qué haces? ¡Estás tirando la leche! ¿Es que quieres regar el suelo?

Me encanta esa idea. ¿Qué sale si riegas con leche? ¿Flores de yogur?

Mami empieza a limpiar toda la leche, que inunda la mesa y parte del suelo.

Hugo va a ayudarla, pero cuando se levanta sus pies resbalan en el charco de leche y se cae de culo.

ENCIMA DE TODA LA LECHE.

Mateo y yo nos partimos de risa. ¡Tiene leche hasta en las orejas! Pero Hugo no se queda atrás y nos salpica.

Yo contraataco con una crep. Mateo con una tostada de crema de cacao.

Antes de que nos demos cuenta, estamos en medio de una batalla de comida. **¡ES DIVERTIDÍSIMO!** Mami duda entre reñirnos o sumarse a la fiesta de las creps y tostadas voladoras.

—¡Parad, locos! O, al menos, ¡esperad a que yo cargue munición!

Finalmente, acabamos los cuatro desparramados por el suelo, muertos de risa.

En ese momento entra Rafa por la puerta, que viene a recogernos para llevarnos al cole. Nos mira con cara rara, pero no dice nada. No es la primera vez que nos ve hacer locuras.

Estoy a punto de salir de casa cuando tengo una idea.

¡NO SÉ CÓMO NO SE ME HA OCURRIDO ANTES!

—Chicos, vuelvo en un minuto.

—Dani, ¿adónde vas?

Voy corriendo al sótano y cojo la cámara.

Sería un aburrimiento dejarla toda la mañana encerrada en casa cuando puede venir conmigo al cole. Además, María podría encenderla sin querer al limpiar y viajar a la Prehistoria por nuestra culpa. ¡Es una cámara **CON PODERES!**

EN LA ESCUELA VAN A FLIPAR.

En el coche, Mateo empieza una de sus charlas de **DON RESPONSABLE:**

—Esta semana tenemos que devolver la cámara como sea. ¡Solo espero que Mami no la encuentre en casa!

—Tranquilo —le digo—, seguro que no la encuentra **JAMÁS.**

Mi hermano me mira raro, como cuando sospecha que me he comido su trozo de pizza.

—¿Por qué estás tan segura, eh?

Me pongo a disimular. Es decir, a canturrear en el coche. Es el remedio perfecto para que Mateo se coloque los auriculares y se olvide de mí. **¡POR POCO ME PILLA!**

Lo que él no sabe es que Mami no va a encontrar la cámara porque no está en casa, sino dentro de mi mochila del cole. ¡Y no voy a dejar que le pase nada!

CAPÍTULO 13

«M»

Entramos en el cole y cuando cruzo el pasillo veo a PAULA y a SCARLETT. ¡Cómo las he echado de menos! Sí, ya sé que solo he pasado un fin de semana sin verlas. ¡Pero han pasado **TANTAS** cosas! Y cuarenta y ocho horas son **MUCHÍSIMAS** horas para no ver a mis **BFF**. Cuando seamos mayores y vayamos a la universidad, vamos a compartir piso, y así no habrá ni un solo día en que no nos veamos. ¡Y los fines de semana vamos a hacer sesión peli de chicas en el sofá!

Incluso puede que hagamos nuestro propio canal de YouTube, aunque no nos ponemos de acuerdo con el nombre. Yo digo que se llame **BFF** (Best Friends Forever), Paula propone **MAPS** (Mejores Amigas Para Siempre) y Scarlett quiere llamarlo Fantabuloso Universo Universitario Y Sus Fascinantes Exámenes. A veces pienso que es un poco rara.

—*Hello,* chicas. ¿Qué tal ha ido el finde?

—*Fine, thanks!* Pero qué rollo, ¡odio los lunes! —Paula se queja mientras deja su mochila en el suelo.

—Yo solo espero que Miss Alicia esté de mejor humor que la semana pasada y no vuelva a echarnos la bronca porque sí...

—No fue porque sí —me recuerda Scarlett—. Nos riñó porque metimos un pajarito en clase y voló directo a su cabeza.

—¡PERO era taaan CUTE! —chillamos las tres a la vez, enamoradas.

—Es una pena que confundiese el pelo de MISS ALICIA con un nido, aunque no me extraña, con esos moños que se hace...

Es el momento de contarles mi secreto.

—Chicas, atentas. Traigo una cosa que **SEGURO** que os va a encantar. **¿PREPARADAS?**

Abro mi mochila y saco la cámara.

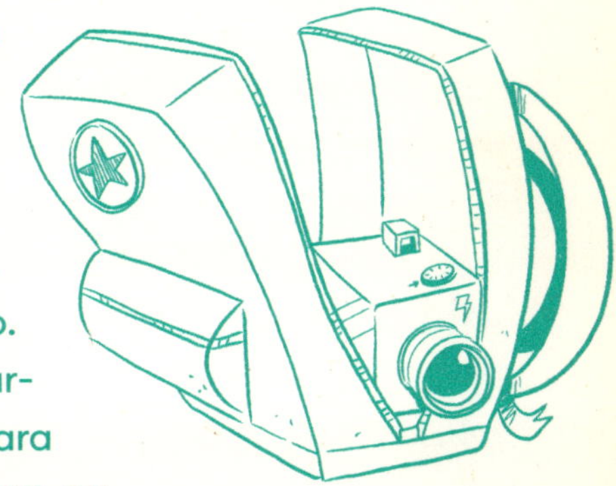

—¿Una cámara? ¿Vas a grabar un video para YouTube? —Scarlett se alisa la ropa—. ¡Eso se avisa! No me he peinado.

Mis dos amigas corren a mirarse en el reflejo de un cristal para ponerse guapísimas. Tengo que pararles los pies.

—Chicas, esto no es una cámara normal. Escuchadme bien: es una cámara del futuro. ¡Y tiene poderes!

Ahora es el momento para que mi plan salga **PERFECTO**. Lo tengo todo pensado:

1) PAULA Y SCARLETT VAN A FLIPAR TANTO CON LA CÁMARA QUE SE LO VAN A CONTAR AL RESTO DE LA CLASE.

2) EL RUMOR SE VA A EXTENDER POR TODO EL COLE Y... ¡VA A LLEGAR HASTA KEVIN!

3) KEVIN VA A VENIR A VERME PORQUE SERÉ LA MÁS *COOL* Y ME PEDIRÁ QUE HAGAMOS UN VIDEO JUNTOS.

De ahí a la boda solamente hay mil ***LIKES***.

Es un plan insuperable. O al menos eso pensaba yo porque no contaba con que mis amigas no me iban a creer.

—*Come on*, Dani. Te lo estás inventando. ¿Cómo va a tener poderes una cámara de video?

—¡Te lo juro! **¡TIENE PODERES!** Obliga a la gente a decir la verdad. ¡Y ayer viajamos al pasado!

—Sí, claro. ¿Y también quieres presentarnos a tu amiga imaginaria?

Scarlett y Paula se miran y empiezan a reírse de mí, como si fuese una chiflada o una mentirosa. Siento cómo me sudan las manos y miro la cámara. ¡Yo nunca jamás les he mentido! ¡Y nunca les mentiría! Son mis mejores amigas. O eso creía yo...

—¡Daniela está muy loca...! *¡Daniela está muy loca...!*

—No está bien que os riais de una amiga, chicas.

Esa voz me paraliza. Igual que si me hubiese disparado Elsa con su rayo congelador. **¡NO PUEDE SER!**

ES KEVIN.

Es el peor momento para que se acerque a nosotras, ¡JUSTO HOY! ¿Y si cree a Paula y a Scarlett y también se ríe de mí?

—Kevin, nos reímos porque Daniela se acaba de inventar que esta cámara tiene poderes. ¡Y trata de convencernos! Ni que tuviéramos tres años...

Los ojos verdes de Kevin me miran y sonríe mientras dice:

—Solo hay una manera de saber quién tiene razón.

—**¿CÓMO?** —Las tres le escuchamos como si fuese un profesor dictando un examen.

—La única manera de saber la verdad es probando la cámara. Si tiene poderes, todos lo veremos. Si es una cámara normal, Daniela tendrá que explicar por qué ha mentido.

Podría haber dicho: «Si es una cámara normal, Daniela tendrá que darme un beso». Pero hoy no es mi día de suerte. Y eso es justo lo que no podía pasar.

Cada vez que la hemos probado nos hemos metido en un lío, y no precisamente pequeño. ¡Y mis hermanos no saben que he traído la cámara al cole!

Además, si nos pilla un profe, nos va a castigar hasta el fin de los tiempos. Pero... no quiero quedar como una boba delante de Kevin **¡OTRA VEZ!**

Hace un mes me preguntó en el pasillo si sabía qué hora era y estuve cinco minutos respondiendo:

«Eeeeeeeeeeeeeeeeh» con una baba cayéndome del labio. Tuvo que venir el conserje con una llave inglesa porque pensaba que me había atascado.

Y mucho menos quiero quedar como una mentirosa. ¡Soy **DANIELA HAACK**! ¡La sinceridad es una de mis supervirtudes! Las otras dos son posar para las fotos y hacer musical.lys.

Sí. Está decidido.

Voy a demostrarles a todos que la cámara tiene poderes. Pero utilizar el modo **V**erdad no es una buena idea.

¿Y si me obliga a confesar mi amor por Kevin delante de él? No, eso no puede suceder. Sería el **PEOR MOMENTO** de mi vida.

Ir al **P**asado tampoco es una buena opción. Si me ve con los mofletes colorados, ¡jamás me volverá a mirar igual!

YA SÉ. Podemos arriesgarnos y probar con otro modo de la ruedecita. Sí, estoy decidida. Eso servirá para que PAULA y SCARLETT me crean.

Pongo el modo **M**, pulso el ●REC de la cámara y enfoco a mis dos amigas.

Al instante, empieza a sonar música de fondo. ***WHAT?*** **¡NO PUEDE SER!** En este cole no hay altavoces en los pasillos.

Kevin me mira con cara rara, pero la música no es lo más extraño.

Paula y Scarlett han empezado a mover los brazos y las piernas como si estuviesen sincronizadas: ¡ES UNA COREOGRAFÍA! Y a ellas se están uniendo todos los chicos que la cámara enfoca. ¡Medio pasillo está haciendo los mismos pasos, como si hubiesen estado todo el fin de semana practicando!

Y tiene que ser culpa de la cámara, porque MR. COLLINS se ha sumado al baile y sacude las caderas que da miedo. La última vez que el profe de *Maths* bailó fue en el siglo XVIII.

—GET ME OUT OF HERE!!! —grita aterrado. A cada nuevo paso de baile suelta un alarido.

Miro a mis amigas a la cara.

—¡¡Veis como no mentía!! ¡¡Es por culpa de la cámara!!

—*IS IT TOO LATE NOW TO SAY SORRY?* —Scarlett me responde con una canción de Justin Bieber. **¡OMG!** ¡Es lo más!

—Y tú, Paula, ¿me crees ahora? ¿Te gusta la cámara?

—*ME ENAMORÉ, ME ENA, ME ENAMORÉ. ¡QUÉ COSITA MÁS BONITA!* —Paula responde con una canción de Shakira. ¡Este modo es una pasada!

El pasillo de Year 4 es un auténtico espectáculo. Ya os he dicho que nuestro cole es británico, ¿no? Por eso hay tantas Mrs. y tantos Mr. y hablamos a veces *spanglish* por los pasillos. Miguel está bailando pegado a Carmen, la chica más tímida del cole. ¡Y los dos mueven el esqueleto como si fueran bailarines de *Operación Triunfo*!

—Kevin, ¿te has dado cuenta? Este es el modo **M** de la cámara, ¡**M** de **MUSICAL**! Cuando enfoco a alguien con esta cámara, ¡solo puede cantar y bailar!

—¡¡Esto es AMAZING, Daniela!! ¿Te imaginas ir a la sala de profesores con esta cámara? Apuesto a que incluso podrías conseguir que MR. DENTON mueva el esqueleto, ¡y eso que es el profe más serio del cole!

Kevin se parte de risa, y en ese momento le enfoco con la cámara para ver qué canta:

—VAMOS A SER FELICES LOS CUATRO, YO TE ACEPTO EL TRATO.

¡Nunca hubiese dicho que cantaría una canción de Maluma! A mí también me encanta. ¿Y si vamos al próximo concierto de Maluma... **JUNTOS?**

Voy a volver a enfocar a las chicas, pero veo que Paula parece cansada. MUY cansada. Hace los pasos sin ganas, está sudando mucho y... ¡no! ¡Se ha caído al suelo! A Scarlett parece que también le falta el aire. ¡Vivir en un musical no es tan fácil como parece!

Bah, eso es porque les falta experiencia en musical.lys.

—Chicas, ¿paro la cámara?

—¡Sí! **¡NO VAYA A SER QUE ME CAIGA OTRA VEZ!** —Y ahora Pablo Alborán. ¡Ni siquiera pueden contestarme sin cantar una canción! Tengo que poner fin a esto antes de que todo se complique.

—¿SE PUEDE SABER QUÉ PASA AQUÍ?

Me vuelvo rápidamente y, **¡OMG!**, es la Directora del cole. Y parece enfadada. Vale, no lo parece, lo está. Y creo que mucho: su nariz se está abriendo. ¡Ese es el signo de que va a empezar la bronca del siglo! Hay que parar esto antes de que los gritos lleguen hasta Plutón.

Escondo la cámara detrás de mi espalda y pulso el botón para dejar de grabar sin que me vea. Al instante, todo el mundo se queda quieto y la música desaparece.

—¡A clase! Esta no es manera de empezar la semana. —La Dire está que trina—. ¡Qué ganas tengo de jubilarme e irme a vivir a Benidorm!

UF... Nos hemos librado por los pelos. La Dire se va enfadada, pero mis amigas, Kevin y yo no podemos parar de reír. ¡Esto ha sido un show espectacular!

—Daniela, tenías razón, ¡esta cámara es mágica!

—No podía dejar de cantar y bailar. ¡Me sentía como en una de esas películas de **HOLLYWOOD**!

Las chicas entran en clase y yo las sigo. No tengo ganas de otra bronca, pero justo cuando voy a cruzar la puerta, Kevin me coge del brazo y me dice:

—Daniela, eres la chica más *cool* de todo el cole.

¡NO ME LO PUEDO CREER! ¡Kevin cree que soy ***COOL!*** ¿En serio soy guay? Me da igual si lo soy o no. ¡Él lo cree! ***YES!***

Mi plan no ha empezado como esperaba, pero ha acabado mejor de lo que planeaba: Kevin no solo se ha acercado a mí, sino que ¡también ha dicho que soy *COOL*!

—¿Puedes decirlo también en español? Para registrarlo en mi otro cerebro —le pido.

—Eres guay.

Ahora me derrito del todo. Parezco un helado abandonado en la calle a mediodía en pleno agosto.

Guardo la cámara en mi mochila y me siento en mi sitio antes de que llegue la profe de lengua. Pero... ¿cómo voy a poder estar atenta en clase con todo lo que ha pasado?

CAPÍTULO 14

RAÚL

Los lunes son los peores días de la semana. Eso lo sabe todo el mundo. Pero un lunes después de haber viajado a Inglaterra y dormido solo tres horas… ¡es lo peor! Las clases están pasando tan lentas que ya he mirado mi reloj rosa dieciséis veces para asegurarme de que el tiempo no se ha detenido.

Pero se me ha ocurrido una **GRAN IDEA** para que nunca más tenga que volver a aguantar una mañana tan insoportable. Cuando volvamos a la feria futurista, buscaré una máquina que cree clones. Solo tendré que hacer una doble de mí misma y… ¡solucionado! Enviaré a mi clon a todas las cosas aburridas y yo me quedaré en casa viendo pelis y comiendo palomitas de colores.

Saved by the bell! Por fiiiin se han terminado las clases de la mañana. Pero… oh-oh.

RAÚL se está acercando a mi mesa.

Sí, ¡el pesado de Raúl!

Siempre se ríe de todos y es especialista en bromas pesadas. Vale, lo reconozco: a veces hace gracia, ¡PERO OTRAS SE PASA! Un día pintó la silla de la *profe* con tiza roja y cuando ella se sentó... ¡se le quedó todo el culo de color rojo! Parecía un mandril de culo colorado paseándose por la escuela.

Otro día escondió los deberes de toda la clase detrás de la pizarra y, como nadie se atrevió a chivarse, Miss Holt nos castigó a todos sin recreo durante una semana.

Uyuyuy, esto no me gusta nada. La última vez que me habló, era para distraerme mientras cambiaba mi bocata por un calcetín sucio.

Esta vez no me va a pillar. Me pongo más seria que Mami cuando no me como las verduras.

—¿Por qué quieres saberlo?

—No, por nada. Solo estaba siendo un buen compañero de clase.

Es menos creíble que HUGO cuando dice que ha hecho los deberes.

¿BUEN COMPAÑERO? ¿Raúl? ¡Algo trama, seguro! Mejor será seguirle y no quitarle el ojo de encima. 

Veo que se agacha para atarse los zapatos y todo en él parece normal. Bah, seguro que no quiere nada, pero será mejor que vaya al patio con Paula y Molly. Solo me he girado un momento para guardar la libreta en el pupitre y, cuando me doy cuenta, Raúl ya no está. ¡Ni siquiera se ha despedido!

—Dani, ¿vienes al patio?

Paula ha venido a buscarme porque aún no he salido de clase, así que le cuento que ha venido Raúl a saludarme.

—Raúl... ¿Rodríguez? ¿El pesado de la cicatriz en la frente? Se la hizo abriendo un frasco de pepinillos con la frente. Tiene la cabeza más dura que mi hermano Hugo, que ya es decir...

—Sí, ese.

—¿Y qué quería? ¿Se ha metido contigo?

—No, esta vez no. Solo estaba raro. Pero eso no es ninguna novedad, ¿no?

—Sí, pasa de él. ¿Vamos a jugar al patio? —propone Paula.

—¡Claro! Espera, que cojo mi bocata.

Me agacho para cogerlo de la mochila y...

NO.

Esto no puede ser. La cámara **NO ESTÁ**.

Daniela, concéntrate. No te pongas nerviosa.

Tengo que sacarlo todo para asegurarme de que **NO ESTÁ**.

Saco todas mis libretas de la mochila, mi agenda, mi paraguas, el bocata (eso está, menos mal), mi *lip balm*, unos chicles, mi cepillo de dientes, mi estuche con colores, mi botella de agua en forma de pingüino, y...

¡NI RASTRO DE LA CÁMARA!

¡NO ME LO PUEDO CREER! La cámara ha desaparecido.

Espera. Espera un momento. No puede ser que haya desaparecido. No está entre sus poderes el haberse volatilizado, ¿no? No puede teletransportarse a sí misma al pasado si nadie pulsa ●REC. A no ser que...

Tengo que recuperarla como sea. Antes de que ocurra un desastre superior por culpa de Raúl.

Salgo corriendo de la clase sin hacer caso a Paula, que propone que se lo contemos a la Directora.

¡**¡NI HABLAR!** Seguro que avisa a la policía y yo tendría que admitir que la cogimos «prestada» de la feria. ¡Y además no se pueden grabar videos dentro de la cárcel! O aún peor: la Directora avisará a Mami. Eso **SÍ QUE NO.**!

¡Voy a recuperarla yo misma, lo prometo por todos mis *followers*! Pero... ¿cómo encuentro a Raúl? ¡No tengo ni idea!

Seguro que a Hugo y a Mateo se les ocurriría una idea brillante para cazarlo, pero no puedo ir a buscarlos. Si saben que he cogido la cámara sin su permiso y que encima la he llevado al cole... ¡No me lo puedo imaginar!

Seguro que me expulsan de **THE CRAZY HAACKS** por traición. Esta misión es solo mía. Mi desastre, mi solución. TIC TAC

Decido ir a buscar a Raúl por todos los pasillos de la escuela, pero no hay tiempo que perder. ¡Tengo que correr! En medio del pasillo de Year 7 me tropiezo con KEVIN.

—Lo siento, Kevin, ahora no puedo hablar. Tengo **UN GRAN PROBLEMA.**

Lo digo superdramática, en plan WONDER WOMAN antes de luchar contra los malos, porque no quiero que piense que no quiero hablar con él.

Voy a seguir corriendo cuando noto que Kevin me ha cogido del brazo para pararme. Siento que el corazón me va más rápido de lo normal, pero ya no sé si es porque estoy corriendo por todo el colegio, porque he perdido la cámara o porque Kevin me está tocando. **¡A MÍ!**

—Daniela, espera. Quizá yo puedo ayudarte. Cuéntame qué te pasa.

—¿QUÉ-QUÉ-QUÉ?

Mi corazón se detiene. El universo se para en seco (estrellas fugaces incluidas). Kevin me está ofreciendo su ayuda. **¡A MÍ!**

Raúl no es precisamente fácil de atrapar, así que está decidido: tengo que contárselo o jamás saldré de este lío.

Empiezo por el principio (Kevin pone mil caras por minuto) y llego hasta el momento en que he perdido de vista la cámara.

—No te preocupes, Daniela. Juntos la encontraremos.

¡Pero para recuperarla tenemos que encontrar a RAÚL! ¿Dónde puede estar?

Nos quedamos los dos pensando un plan en silencio cuando de repente... **¡MÚSICA!** Se oye música. ¡Esa es la señal que esperábamos!

—¡Hay que seguir la música para encontrar a Raúl!

CAPÍTULO 15

«1»

KEVIN me coge de la mano y empezamos a correr mientras escuchamos las melodías. Bajamos las escaleras y llegamos al comedor. Bajamos incluso más rápido que cuando hay croquetas para comer, pero es que...

¡LA MÚSICA SALE DE AQUÍ!

—¡Espera, Daniela! Si nos ve entrar, Raúl saldrá corriendo.

Kevin tiene razón. Hay que pensar un plan. Uno que salga bien.

Observo la puerta del comedor y veo que hay un pequeño agujero, como si fuese un respiradero. Pero está demasiado arriba para llegar yo sola. Sin embargo, es LA ÚNICA manera de ver qué está pasando en el comedor sin que Raúl se dé cuenta. ¡No tenemos otra opción!

—Kevin, ¿puedes subirme hasta ese agujero? Así podré ver qué es lo que está pasando.

Prometo que no es una excusa mala para acercarme a él. ¡Es por la misión!

OH, MY GODNESS!

Esto es mucho mejor que cuando hay macarrones con extra de queso en el menú.

Todo el comedor está bailando y cantando. Pero no solo los alumnos. ¡Las cocineras se han sumado a la fiesta! Hay una que se ha subido encima de la barra de los postres como si fuese una tarima de discoteca y está moviendo el trasero mejor que Beyoncé. ¡Y detrás del mostrador se ha montado la orquesta culinaria! Han cogido las ollas para utilizarlas como batería y usan cucharas de madera como baquetas... ¡y los saleros como maracas!

—KEVIN, ¡tienes que ver esto! Si entramos gateando, podemos escondernos debajo de la primera mesa sin que nadie nos vea.

—Vale. ¿Preparada? ¡A mi señal!

Creo que Kevin se ha quedado sin palabras. ¡El comedor es un musical... y las cocineras son las protagonistas!

—¿Has visto a la señora Rosa? ¡Ha hecho una guitarra con una paella y unos espaguetis!

¡Parece una **estrella de rock**!

Estamos partiéndonos de risa viendo el espectáculo cuando de repente... Oh-oh. Peligro a las 9:30.

Alguien ha entrado por la puerta y no es alguien cualquiera...,

¡ES LA DIRECTORA!

Cierro los ojos preparada para la bronca, pero lo que oigo no son sus gritos riñendo a todo el cole. ¿Creéis que es posible que se una a la *party*?

Soy la Directora más molona,
la que en el colegio controla, ajá.
¡Niño, pórtate mal y verás el castigo
que recibirás, ajá, ajá...!

¡LA DIRECTORA ESTÁ... RAPEANDO! Saco la cabeza de debajo de la mesa y es cuando me fijo: ¡¡parece la más malota del barrio!! Se ha soltado el moño y quitado las gafas y encima...

¡¡¡USA UN BRÓCOLI COMO SI FUERA UN MICRÓFONO!!!

Es increíble. Todo el mundo sabe que la alcachofa suena mucho mejor.

Miro a Kevin y veo que me está señalando el otro lado de la sala. ¡Es Raúl! Está apuntando con la cámara hacia las cocineras y las profesoras, que siguen cantando.

—Daniela, hay que coger la cámara antes de que esto se descontrole.

Como si no estuviese suficientemente descontrolado ya. Solo falta que salgan pingüinos de la nevera dando volteretas y empiecen a cantar en el idioma del Polo Norte.

—Sí, pero si Raúl nos ve llegar, va a huir y...

—¡No tiene que vernos! Iremos gateando hasta él y cogeremos la cámara por detrás. Él está concentrado con la música, ¡no se va a dar cuenta!

Kevin tiene razón. Le sigo arrastrándonos por el suelo, como si fuésemos militares o serpientes de cascabel.

Llegamos hasta Raúl y es **EL MOMENTO**.

O todo o nada.

Kevin lo inmoviliza por los tobillos mientras yo me levanto y voy a por la cámara.

¡NO!

Raúl es más alto que yo y levanta los brazos para que no pueda recuperar la cámara. No había pensado en eso. Cuando Mateo me hace lo mismo, le hago un Ataque Despiadado de Cosquillas.

—¡TE VAS A ENTERAR! —grito.

Le hago cosquillas a vida o muerte. De repente, todo el comedor está en silencio: ¡ha dejado de grabar!

—¡¡Devuélveme mi cámara, Raúl!!

—No es tuya, oí que explicabas a Paula y a Scarlett que la habíais cogido de una feria. Yo también puedo divertirme un poco, ¿no?

Kevin se enfada y se lanza sobre él para cogerle la cámara, pero Raúl se mueve más rápido que él. Se sube encima de la mesa y veo que va a tocar la rueda de la cámara.

—¡¡¡RAÚL, NO TOQUES LA RUEDA!!

No se le puede decir a alguien que no toque algo. Es como cuando Mami me dice que no me coma un bizcocho: me está retando a que desaparezca.

Y en ese momento lo veo. Ha cambiado de letra y empieza a grabar.

Cierro los ojos.

Por favor, ¡que no sea el modo **V**erdad!

Y, por suerte, no lo es. Pero es un modo mucho **PEOR**.

Abro los ojos y veo que Raúl está enfocando a Kevin. Y Kevin... ¡Kevin no lleva pantalones! ¡Le estoy viendo los calzoncillos!

Esto no debería estar pasando. ¡No puedo estar viendo a Kevin con... **ROPA INTERIOR DE OSITOS!** Si hay un modo de la cámara que te deja ver el interior de las cosas, se me ocurren **DOS MIL** mejores maneras de enterarme que esto. ¡Tierra trágame!

La voz de Kevin me devuelve a la realidad.

—Dani, ¡la cámara!

Me vuelvo y Raúl ha desaparecido del comedor. Ha aprovechado el momento de VERGÜENZA SUPREMA para escaparse. ¿Por qué los peores siempre son también los más listos?

Miro a Kevin y le veo... los pantalones. ¡UFF!

La Directora encima de la mesa mira el brócoli como si se hubiera vuelto loca. Se gira hacia las cocineras y se pone como un tomate.

Kevin me vuelve a coger de la mano y salimos corriendo del comedor. Recorremos un par de pasillos sin aliento y nos detenemos delante de la puerta principal. Cuando recuperamos el aliento...

—Oye, Dani, lo de los calzoncillos...

—¡No he visto ningún osito! —digo nerviosa—. Kevin, esto se está descontrolando. Tenemos que encontrar a mis hermanos para recuperar la cámara. Tú ve a buscar a Hugo y yo iré a buscar a Mateo. ¡Nos encontramos en la canasta del patio en cinco minutos!

CAPÍTULO 16

EL SUPERPLÁN

Tengo que concentrarme.

«Piensa, Daniela. Piensa.»

Mi cabeza se llena de pandas. ¡Son tan monos!

«¡PIENSA EN UN PLAN, NO EN PANDAS!»

Por fin me concentro: ¿dónde puede estar Mateo?

¡Hoy tenía un examen de *Science*! Seguro que está repasando en la biblioteca. Entro corriendo y todo el mundo me mira como si hubiese entrado un alien con maracas. Me había olvidado de que para el resto del cole es un día normal, y no **EL DÍA MÁS LOCO DEL UNIVERSO**.

Intento disimular (mi baile *Distracción Máxima* no está haciendo efecto, qué raro) y encuentro a Mateo en su sitio preferido de la biblioteca: junto a un ordenador.

—Dani, ¿qué haces aquí?

Todos sus compañeros me están mirando. ¡Qué vergüenza! Arrastro a mi hermano hasta el pasillo de Literatura Tostona para hablar a solas. Los libros son tan gordos que no nos oirá nadie.

—Convoco reunión de hermanos, en el patio, ahora.

—Pero el exam...

—¡Es la cámara, Mateo!

Eso activa su Alerta de Responsabilidad, como Superman cuando ve un gatito subido a un árbol. ¡Nunca falla!

Sin preguntar nada más, deja todos los libros encima de la mesa y corremos hasta el patio. Hay que seguir el protocolo de las reuniones supersecretas de hermanos en el cole.

1) **UBICACIÓN:** fuera de clase, para que nadie se meta. Y lejos del campo de fútbol, para no llevarnos un balonazo.

2) **CONFIDENCIALIDAD:** nunca decir a nadie que no sea un hermano Haack que hay una reunión. ¡No queremos espías! Ni cotillas: son peor que los espías.

3) **DISIMULO:** si se acerca la *Directora*, un *profesor* o un *intruso*, disimular y hablar de asuntos superaburridos, como el tamaño de las piedras o los deberes favoritos. Huirán DESPAVORIDOS.

Nos encontramos todos en el patio. Es una situación de Emergencia Excepcional, así que dejamos que Kevin esté en la reunión (el hecho de que a mí me guste no tiene **CASI NADA** que ver). Empieza la sesión.

—¿Qué pasa, Dani? ¿A qué vienen tantas prisas? —pregunta Hugo.

—Espero que no nos llames porque has olvidado la contraseña de Instagram otra vez...

Mateo todavía recuerda la vez que lo desperté a las cinco de la mañana para que me ayudase a recuperarla.

—Chicos... Es la cámara. Está aquí, en el cole.

Se lo explico todo desde el principio. Sus caras me dicen que no están muy contentos, pero... ¿cómo podía imaginarme que iba a pasar todo esto? ¡No estaba en mis planes! Raúl es el culpable. Y hay que encontrarlo.

Antes de que sea demasiado tarde.

—Pensemos —digo—. ¿Tenéis papel y boli?

—¿Vamos a dibujar? —pregunta Hugo—. Pensaba que teníamos que encontrar la cámara. En ese caso ¡quiero dibujar perros!

—¡NO VAMOS A DIBUJAR! —Mateo tiene material para escribir—. Vamos a elaborar UN PLAN.

Hacemos una lista con todas las ideas. Pero sigue ganando la primera opción: separarnos y buscar a Raúl por todos los rincones del colegio.

Todos están de acuerdo, pero a mí no me parece una buena idea. ¿Acaso no han visto películas de terror? Que el grupo se separe siempre es la PEOR opción.

¡Hay que pensar como los profesionales o jamás recuperaremos la cámara!

Y entonces se me ocurre.

Una **IDEA BRILLANTE.**

Como la vez que Mami me dijo que tenía que comer más sano, e hice una ensalada de golosinas.

—Y... ¿por qué no hacemos que Raúl venga hasta nosotros?

—Pero... ¿cómo?

¡PREPARÁNDOLE UNA TRAMPA!

—Podríamos hacer un musical. Como si tuviésemos una cámara y pusiésemos el modo **M**..., pero sin cámara.

—¿Cómo? ¿Para qué nos serviría hacer un musical ahora?

—Creo que Mateo no ve muy clara mi idea. **M**

—Si Raúl oye la música y ve que bailamos y cantamos, seguro que querrá saber qué pasa. ¡A lo mejor incluso cree que hay otra cámara en el colegio! Y cuando se acerque...

—¡Lo atraparemos y recuperaremos la cámara!

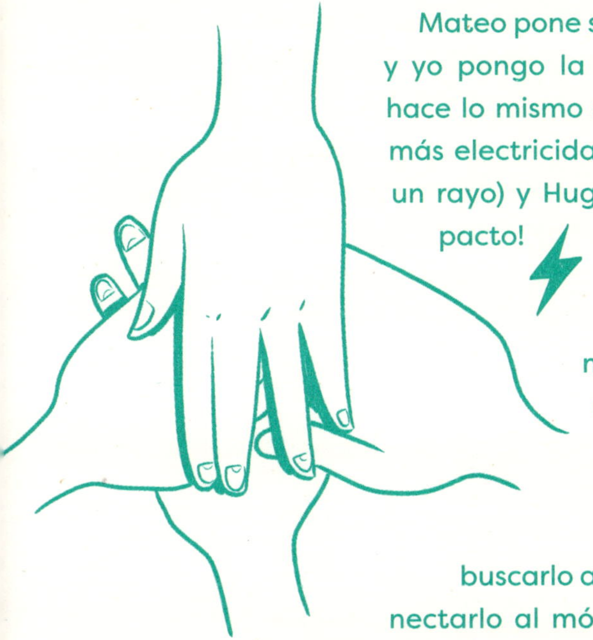

Mateo pone su mano en el centro y yo pongo la mía encima. Kevin hace lo mismo sobre la mía (siento más electricidad que si me cayese un rayo) y Hugo se une. ¡Tenemos pacto!

Ahora solo falta la música. ¡Es indispensable! Suerte que Kevin tiene un altavoz inalámbrico y ya ha ido corriendo a buscarlo a clase. Solo falta conectarlo al móvil y... ¡solucionado!

Pero... oh-oh. **THE CRAZY HAACKS** nos quedamos solos. Esto huele a bronca por haber cogido la cámara sin permiso. O... peor.

—¿Qué?, ¿has estado un rato con Kevin, eh? ¿Cómo ha ido? —Mateo ya empieza.

—¿Qué pasaba con Kevin? —Hugo sonríe como un villano—. ¿Ibais juntos al baile? ¿Sois miembros del mismo club? Espera, ya me acuerdo: **TE GUSTA**.

Me pongo roja como un tomate. ¡Me muero de vergüenza! ¿Por qué son así? El colegio es un desastre. Hemos perdido una cámara con poderes. Una cámara que, por si fuera poco, cogimos sin permiso. ¿Y lo único que se les ocurre es preguntarme por Kevin? Además, ¿acaso yo voy molestándolos con todas las chicas que se han besado?

Bueno, sí. ¡Lo hago! ¡Pero es tan divertido...!

Suerte que Kevin vuelve al patio con todo el material. Será mejor que **TODOS** nos centremos en recuperar la cámara. Aunque esta se la guardo para otra ocasión.

—¿Estáis preparados? ¿De qué hablabais?

—De nada, Kevin, JA, JA, JA. ¿De qué íbamos a hablar? Qué cosas tienes. —Miro a mis hermanos con ojos asesinos—. Vamos a preparar el altavoz.

—Ya está listo. Cuando queráis.

Me pongo muy seria. No hay que desaprovechar una ocasión para lucirse.

—Pero... ¿no vamos a preparar una coreografía?

—¡No hay tiempo para eso, Dani! Dale al PLAY ▷ y que cada uno vaya a su bola. Cuanto más la liemos, **¡MEJOR!**

Me estoy empezando a arrepentir de mi idea. ¿Sin coreografía? ¿Liarla? ¡Esto puede ser el desastre que acabe con mi carrera musical! Y eso no pienso permitirlo.

La música empieza a sonar y Mateo y Hugo comienzan a bailar como si les hubiese poseído el espíritu de una lagartija loca.

De hecho, eso ni siquiera es un baile: ¡SON MOVIMIENTOS DESASTROSOS Y DESCOORDINADOS!

Pero debo reconocer que está funcionando: todos los niños y las niñas del patio empiezan a mirarnos y se acercan a nosotros. Así que no me queda otra opción: *tengo que sumarme a ellos para conseguir atraer a Raúl.*

Miro a Kevin y empiezo a bailar. Y él hace lo mismo.

CAPÍTULO 17

EL ACUERDO

La gente ha hecho un círculo a nuestro alrededor. Siento **MIL OJOS** encima de mí.

Todos están mirando cómo bailo... ¡sin haberme preparado ninguna coreografía! Y, encima, no hay ni rastro de la única persona que tenía que atraer todo este número. ¿Cuánto piensa tardar Raúl en aparecer? ¡Está todo el cole aquí menos él!

—Mirad, ¡están empezando a bailar con nosotros!

Hugo tiene razón, un montón de niños se han unido a nuestro baile. El patio parece un *flash mob* de una televisión americana. ¡Y cada vez somos más!

—Chicos, seguid bailando —dice Mateo de repente—. No miréis. El objetivo está **A LAS TRES EN PUNTO**.

Miro el reloj confundida.

—¡No podemos esperar hasta las tres! Tenemos que encontrarlo ya.

Mateo me echa una de esas miradas de hermano mayor.

—Es un modo de hablar en clave. Quiero decir que está posicionado a las tres con respecto a nosotros, como en las manecillas del reloj. ¿Lo pillas?

—¡Aaaaah! Haber empezado por ahí.

Doy una vuelta disimuladamente, como si el giro formase parte del baile... Y lo veo. Mi hermano mayor tiene razón: ¡sus ojos de halcón nunca fallan! Es Raúl. ¡Y lleva la cámara! Mateo murmura:

—Contamos hasta cinco y vamos a por él. **¿LISTOS?**

—¿«Hasta cinco» es otra expresión en clave? —pregunta Hugo, solamente para hacer rabiar a Mateo. ¡Me encanta!

—**¡NO!** —Mateo se desespera con nosotros—. Contamos hasta cinco y punto.

—Pero ¿contamos de uno a cinco o de cinco a uno? —pregunto yo—. Porque no es lo mismo.

Nuestro hermano mayor está a punto de lanzarnos por encima de la portería.

—¡Es igual! De cinco a uno, sin decimales, ¿vale?

Todos asentimos.

1 2 3 4 ... 5

¡A POR ÉL!

Cuando Raúl nos ve, se vuelve y empieza a correr con todas sus fuerzas por dentro del cole. ¡En clase de gimnasia no corre tanto! ¡Tenemos que atraparlo!

—Creo que va al laboratorio de ciencias. Está en esa dirección.

—¡¡VAMOS!!

Giramos hacia el pasillo que lleva directo al laboratorio y... peligro. La Directora otra vez. ¡Ahora no es momento para charlas! ¡Tenemos que recuperar la cámara antes de que sea demasiado tarde!

—***STOP RIGHT THERE!*** —Nos paramos en seco. Camina a nuestro alrededor, estudiándonos como un león a su presa—. Siempre que los Haacks hacéis cosas raras, empiezan los problemas en el colegio.

—¿Qué dice? —Mateo se cruza de brazos—. Solamente estábamos andando rápido.

—¡Siempre igual! —La Directora me mira cara a cara—. Todavía recuerdo la vez que creasteis la Meganube de Tiza. ¡Estuve tosiendo durante una semana!

—Se me fue de las manos... —admite Hugo.

—O ese reto de saltar en el patio todos a la vez. ¡Quinientos alumnos al mismo tiempo!

—Fue muy divertido —recuerda Mateo.

—¡Provocó un terremoto en la zona! —La Directora es un pelín rencorosa. Solamente se agrietaron tres edificios.

—Dire, *please*. ¡Es una EMERGENCIA!

Ahora viene el castigo. Y la llamada a los padres. Y...

—Pero... si no comentáis a nadie el... incidente del comedor, por hoy lo dejaré pasar. *Alright?* Si llega a oídos de mis amigas del coro, ¡sería mi ruina!

—Claro, Directora. ¡Nadie lo sabrá!

Great! Sabía que haber presenciado la escena sería útil antes o después.

Hugo y Mateo no entienden nada. ¡Ni siquiera nos ha dado tiempo de explicarles el show de rap de la Directora! Pero ahora no es el momento. Tenemos que llegar al laboratorio.

Cuando lo hacemos..., no hay nada. Nada de nada.

Bueno, claro que hay algo: los microscopios, el esqueleto para *Biology*, un cerebro de plástico... Eso está muy bien para una clase. Pero no es lo que buscamos. No está Raúl. Y si no está Raúl..., ¡no está nuestra cámara!

—Kevin, ¿estás seguro de que iba en esta dirección?

—¡Segurísimo!

—Tenemos que registrar el laboratorio. ¡Hay que encontrarlo como sea! Y cuidado con lo que tocáis. Hay materiales peligrosos.

De pronto estalla una botella. Hugo se aleja disimuladamente de la bola de humo.

—Lalalalala...

—**NO TOQUÉIS NADA** —insiste Mateo.

Iniciamos la búsqueda. Yo voy directa a la mesa del profesor: ¡puede esconderse en cualquier sitio! Pero aquí no está. Y de repente...

—**¡¡AQUÍ!!**

Hugo ha abierto el armario del material del laboratorio. Entre botellas llenas de líquidos extraños..., ¡RAÚL!

—¡¡Devuélveme la cámara!!

—ES MÍÍAAAAAAA, MI TESOOORO.

Estoy harta. ¡Basta! Me dirijo hacia él para quitarle la cámara, pero él la enciende y pulsa ●REC.

Oh, no.

¡Y me acaba de enfocar!

CAPÍTULO 18

«L»

Cierro los ojos, resignada a volver a cantar, pero... no sale nada por mi boca. Mi cuerpo tampoco se mueve y no hay ni rastro de música. Así que solo queda una opción: Raúl ha girado la rueda y ha cambiado de modo. Si no es musical y no hemos viajado al pasado..., **¿QUÉ PODER TENDRÁ?**

El muy malvado me acaba de enfocar.

—Daniela, ¡cuidado!

Miro a Hugo y me doy cuenta.

Soy más alta que él. Y eso es imposible. ¿Y si la cámara me ha hecho crecer?

Ser más alta que Mateo. Mi sueño imposible. ¡Por fin podré quitarle la gorra!

Pero...

Mis pies no están en el suelo.

—**¡¡ESTOY VOLANDO!!**

En ese momento, Raúl enfoca también a Mateo, Hugo y Kevin. ¡Y vienen conmigo!

Flotamos en el aire como si estuviésemos en el espacio. Es **LA MEJOR SENSACIÓN DEL MUNDO**. Parece la cama elástica que tenemos en casa, pero sin gravedad (y sin Mami diciéndonos que tengamos cuidado).

Doy volteretas en el aire, hago giros mortales, toco el techo con los pies y... Por un momento me he olvidado de nuestra misión. A Mateo y Hugo les ocurre igual y los tres nos ponemos a hacer el payaso a cámara lenta, mientras flotamos en el aire. Somos **THE CRAZY HAACKS**, ¡no lo podemos evitar!

Hasta que recordamos que no estamos en la NASA ni somos astronautas.

¡¡TODO ESTO ES CULPA DE RAÚL!!

Miro hacia abajo y lo veo. ¡Se está yendo hacia la puerta! ¡Y Mateo y Hugo haciendo un partido de fútbol imaginario en el aire! Tengo que pararlo. Cojo impulso en la pared y llego hasta la puerta antes que él. ¡Volar es mucho más rápido que caminar!

—¡¡No vas a salir del laboratorio hasta que nos devuelvas la cámara!!

Mateo, Hugo y Kevin también se han acercado. Bajamos los tres cogiéndonos al cable del fluorescente que hay en la pared para rodear a Raúl. ¡No tiene escapatoria! Apaga la cámara y caemos al suelo.

¡Suerte que ya estábamos a pocos centímetros!

—Raúl, devuélvenos la cámara.

—Pero... solo os la devolveré con una condición.

¿Cómo se atreve a poner una condición cuando es él quien ha robado la cámara? ¡Esto es...!

—Dispara. —Mateo parece que quiere acabar con esto a cualquier precio.

Raúl hace un amago de apretar el botón de la cámara, pero mi hermano mayor lo detiene.

—¿No me has dicho que dispare?

—¡Que dispares tu oferta! ¿Es que tengo que explicarlo todo?

Alguna desventaja tiene que tener ser el mayor, digo yo.

—No podéis decirle a nadie que todo esto ha sido culpa mía. Cuando salgamos del laboratorio, esto no habrá pasado. Nada de chivarse a la Directora ni a vuestros padres. ¿Queda claro?

—Trato hecho.

Raúl todavía no ha terminado.

—Y también me haréis miembro de **THE CRAZY HAACKS**: ¡seré el cuarto hermano!

—No flipes —le digo yo—. Tendrías que estar **MUCHO MÁS LOCO** y ser menos malo.

—Tenía que intentarlo.

Hugo coge la cámara y yo respiro.

¡POR FIN TODO HA TERMINADO!

Pero eso, con nosotros, es **IMPOSIBLE**. El final de un problema siempre es el principio de otro.

Mientras respiro hondo, veo que un esqueleto está flotando en el aire y se dirige hacia la ventana. Pero ¿esto qué...?

—¡¡¡HUGOOOOOO!!!

Sí, a mi hermano se le ha ocurrido encender la cámara con el mismo modo que tenía puesto Raúl y enfocar un esqueleto del laboratorio.

Parece que el modo **L** hace que todo lo que se enfoca levite, y él, como **SIEMPRE**, ha tenido que comprobarlo. ¿No hemos tenido bastante por hoy?

Encima, Hugo ha hecho que el esqueleto salga volando por la ventana. Nos asomamos y todo el patio está flipando. ¡Incluso los profes miran hacia el cielo! No me extraña, en nuestro cole lo más divertido que ha pasado nunca con un esqueleto del laboratorio es reírnos porque le falta un pie. ¡Y ahora hay uno volando!

—Hugo, ¡¡mete el esqueleto!! ¡Ya se ha liado suficiente!

Mateo tiene razón. Lo último que nos faltaba es que los profes suban al laboratorio y descubran la cámara. ¡Seguro que ya hay alguno de camino, preparado para poner una falta! Hugo hace que el esqueleto vuelva dentro.

Justo a tiempo. Hay que recogerlo todo, coger las mochilas e ir hasta la puerta de salida. Y una vez allí, disimular. Disimular como si no hubiese pasado nada. Como si hoy hubiese sido un **DÍA NORMAL**.

El problema es que parece que hayamos salido de una batalla campal. Estamos más sucios y magullados que tras una partida de *paint ball*.

—Chicos, ¿qué os ha pasado?

Rafa nos espera en la puerta y parece que nos conoce más de lo que ahora mismo sería necesario.

—Bueno..., venimos de hacer un poco de deporte —contesta Hugo, disimulando.

—¿Qué deporte? —insiste Rafa—. ¿Descenso por chimenea?

No es mala idea. Aunque seguro que Papá Noel nos ganaba.

Kevin se ha quedado atrás. Hoy hemos vivido un montón de aventuras juntos, ¡y no puedo dejarlo así! Tengo que decirle algo **SUPERESPECIAL** para que no se olvide de mí.

—Eeeeeh... Kevin... Eeeeh.

Y me meto en el coche muerta de vergüenza.

¿Eso es todo lo que se me ha ocurrido? Pero si parecía un teléfono roto... ¡Qué desastre!

Tengo que arreglarlo.

Bajo la ventanilla del coche y le sonrío. Y él a mí... Y me guiña un ojo.

Noto cómo mi cara se incendia.

Seguro que estoy tan roja que parece que mis mejillas vayan a arder. Y me sudan las manos. ¡Pero tengo que ser valiente!

—Esto... Kevin, ¿te-te-te-te-gusta-ta-ta-ta-ría venir un día a ca-casa a ju-ju-gar?

OH, NO. LO HE DICHO. Delante de mis hermanos. ¡Disimula, Daniela!

—Digo para jugar con Hugo. Bueno, y con Mateo. Bueno, yo también podría estar por ahí, **SI ME APETECE**, porque está claro que vivo con ellos allí, porque son mis hermanos, ya sabes. Pero no lo prometo.

—Claro, Dani, eso sería GENIAL.

—Vale. Pues hasta otro día. —Me dirijo a Rafa y le digo gritando—: **¡¡ARRANCA, POR FAVOR!!!**

El coche desaparece antes de que me dé un ataque de vergüenza.

CAPÍTULO 19

¿SÍ O NO?

Nunca volveré a decir que odio los lunes. Ni que el cole es aburrido. Porque hoy es lunes, hemos ido al cole y ha sido el **DÍA MÁS INCREÍBLE** de todos los días de la historia de la Tierra en el universo.

Vale, puede que yo no conozca el mundo antes de mí, pero no existía internet. ¿Cómo iba a ser divertido?

Pero los días increíbles cansan. Y mucho. Desde que hemos llegado a casa no nos hemos movido del sofá y creo que Hugo ya está a punto de dormirse (bueno, Hugo se dormiría, aunque no hubiese hecho nada). Mateo no tiene ganas ni de mirar el móvil. Yo me siento las piernas como si hubiese corrido por todo el colegio intentando recuperar una cámara con poderes.

Ahora que lo pienso, ¡eso es lo que hemos hecho!

—¡Chicos! ¿Qué hacéis ahí tirados? ¿Qué tal os ha ido en el cole?

Si quedaba alguna duda sobre los **RAYOS X** de Mami, ahora mismo acaba de demostrar que ella también tiene algún superpoder que nos oculta.

Deberíamos haber puesto la tele para disimular. Nadie se cree que **THE CRAZY HAACKS** NO ESTEMOS HACIENDO NADA.

—Bien, Mami. Pero es que hoy la clase de gimnasia ha sido más intensa de lo normal.

—Pues a hacer los deberes y luego a descansar.

Estoy a punto de sentarme a la mesa de mi habitación para hacer los ejercicios de Lengua, cuando alguien llama a la puerta. La abro y no hay nadie, pero alguien ha dejado un papel:

¿REUNIÓN? ¿Ahora?

¡Por un momento lo había olvidado! Hay que devolver la cámara. Aunque... ¡hay tantas cosas que podríamos hacer con los nuevos modos que hemos descubierto!

Si hago una lista y se la enseño a Mateo en la reunión, seguro que puedo convencerle de quedarnos la cámara.

Aunque solo sea unos días más.

Hasta que Kevin venga a jugar a casa.

Sí, está decidido. Papel y bolígrafo.

¡TENGO CUATRO MINUTOS ANTES DE QUE EMPIECE LA REUNIÓN!

Lo mejor será que organice mi lista por modos y así no podrán negar que sería una locura devolverla.

COSAS QUE PODEMOS HACER SI NOS QUEDAMOS LA CÁMARA

MODO V (VERDAD)

- Ayudar a la policía a hacer confesar a los ladrones.
- Saber dónde esconde Mami los regalos de nuestro cumple.
- Poder distinguir quién está mintiendo.

¡Muy útil para saber quién se ha comido la última *cookie* de la caja! (a menos que me la haya comido yo).

MODO P (PASADO)

- ¡Ir a Inglaterra siempre que queramos!
- Revivir el día en que llegamos a UN MILLÓN de suscriptores o cuando quedamos con los Locos. ¡Me emocioné tanto!
- Ir hasta el momento en que Luis Fonsi grabó el videoclip de *Despacito* (y chupar cámara de paso).

MODO M (MUSICAL)
- Perfeccionar los pasos hasta que sea la MEJOR BAILARINA.
- Hacer los musical.lys más impresionantes.
- Grabar un video para nuestro canal con todos los locos bailando en una playa (*EPIC*).

MODO I (INTERIOR)
- Ver las preguntas del examen un día antes en el cajón de la profe.
- Comprobar si Mami esconde chuches en su cajón secreto.
- Ver la ropa interior de Mr. Gru, el profe de Geografía. ¿Será de Minions?

MODO L (LEVITAR)
- Ayudar a los bomberos a rescatar todos los animales que se quedan atrapados.
- Sentirte ligera después de comer un helado con extra de *toppings* y sirope.
- Hacer los videos más increíbles sin drones.

Hugo está conmigo, pero, por desgracia, Don Responsable no opina igual.

—Chicos, hay que devolver esta cámara antes de que nos meta en un lío aún mayor.

No sé qué lío podría ser mayor: solamente nos queda colarnos en la Casa Blanca y llevarnos la peluca de Trump por error.

Mateo nos mira a los dos muy serio. Su cara me dice que no habrá manera de convencerlo para quedarnos con la cámara. Aunque solo sea durante unas horas más..., unos días... ¡o unos añitos de nada! Pero Hugo está de acuerdo conmigo..., ¡así que somos dos contra uno! Mateo y su responsabilidad aburrida están en minoría. Podemos ganar y hacer listas de cosas infinitas utilizando la cámara.

Sí, tengo que intentarlo un poco más.

—Pero mira, Mateo, ¡nos quedan muchas cosas que hacer con la cámara!

Saco de nuevo la lista y se la pongo en los morros. Esto está funcionando. Don Responsable no dice ni una palabra y puedo ver cómo sus ojos recorren el papel.

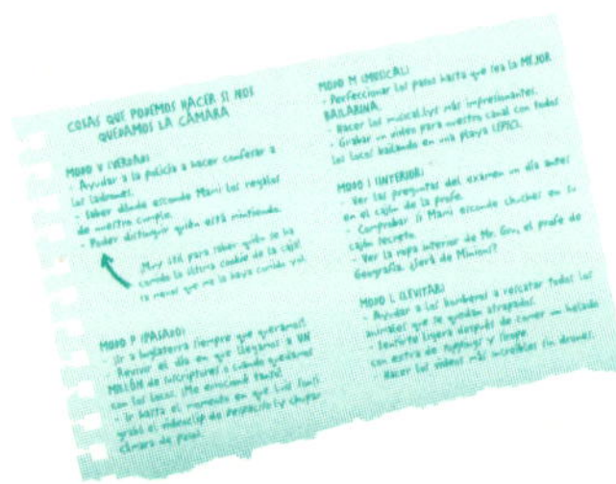

—¡NI HABLAR, DANIELA!

Don Responsable. **¡ARGGGGG!** Miro a Hugo con cara de súplica. «*Please*, ¡no me falles! ¡Apóyame!»

Pero tiene más dudas que cuando ha de elegir entre pizza o hamburguesa.

—Mateo tiene razón, Dani. Imagínate que Raúl vuelve a coger la cámara. El desastre puede ser **ENORME**.

No me lo puedo creer. Tenemos una cámara y no precisamente una cámara cualquiera, sino una cámara con **PODERES**. Y lo único que se les ocurre es... ¿devolverla?

—Pero... ¿cómo la vamos a devolver? ¡No es tan fácil!

Los tres nos quedamos en silencio.

—Tal vez podemos utilizar el modo **PASADO**, ir de nuevo a la feria futurista, buscar el estand de Klaus y devolverle la cámara sin que se dé cuenta.

El plan de Mateo es bueno, pero... **¡NO QUIERO DEVOLVERLA!** Los tres nos quedamos mirando la cámara. Creo que no soy la única que no se quiere despedir de ella. Hugo la coge entre las manos y la acaricia como si fuese un gatito más de la familia.

—¿No sería de mala educación devolverla sin probarla hasta el final? —pregunta, inocente. ¡Hay un modo más! ¡Son seis y solo hemos probado cinco!

—Ni hablar, Hugo. ¡Cada modo nos ha metido en un problema superior!

—Mateo, ¿no tienes ni un poco de curiosidad? —le pica Hugo. Mi hermano mayor es **SUPERCURIOSO**.

Se lo piensa un rato, y finalmente dice:

—Bueno..., ¿qué letra es?

—La **F**.

Un momento. Si la **P** significaba pasado, eso solo quiere decir que la **F** es para...

—¡FÚTBOL! —dice Hugo.

—¡FIESTA! —exclamo yo, ilusionada.

—**FUTURO** —dice Mateo—. ¿Fútbol y fiesta? Estáis locos.

—¿HAS DICHO «FUTURO»? Eso sería... **¡¡INCREÍBLE!!**

CAPÍTULO 20

«F»

Cierro los ojos deseando con todas mis fuerzas que Mateo se atreva de una vez. **¡Es una OPORTUNIDAD ÚNICA EN EL MUNDO!** ¡¡No podemos dejarla escapar!!

—Tenéis razón. Nunca jamás nadie ha viajado al futuro y...

—Y podríamos ver más inventos como la cámara, ¿no? —Hugo se está emocionando por momentos. *Yay!*—. Klaus dijo que hizo la cámara dentro de trescientos años. Eso sería...

—¡¡El año **2318**!! ¡¡Vamos!!

Mateo enciende la cámara y gira la ruedecita hasta el modo **F**.

—¡Un momento! Antes de nada, debemos comprobar que ni Charlie ni Max están aquí, ¿no? Paso de estar persiguiendo gatos por el futuro...

Los tres nos partimos de risa. Nuestros gatos siempre la lían... ¡Se nota que son de la familia Crazy Haack! Pero no, no están en la habitación. Seguro que están robando algún calcetín sucio de Hugo (no sé qué tiene su olor de pies que les vuelve locos) o ronroneando tumbados en el sofá mientras sueñan con una piscina de gelatina de ternera.

Nos colocamos los tres para hacernos un videoselfi y Mateo pulsa ●REC.

Pegamos un salto en el tiempo.

Por poco vomito el desayuno y la comida.

—Mateo, ¡¡tenías razón!! **¡ESTAMOS EN EL FUTURO! OMG.**

Nunca jamás había visto **NADA IGUAL**.

Estamos en medio de una avenida inmensa llena de rascacielos. Sí, claro, ya sé que hay un montón de ciudades llenas de rascacielos. Pero no son iguales. Estos son de cristal transparente, ¡y podemos ver el interior! Hay unas oficinas, un cine con videos de YouTube, un señor haciendo la comida y...

No puede ser.

Eso no son aviones.

Eso son...

¡¡COCHES VOLADORES!!

—¿Habéis visto el tren? ¡¡También vuela!! —Hugo está más emocionado que el día de Navidad. Creo que hay alguien que no va a querer volver a nuestro tiempo.

—Pero... ¿cómo pueden volar? ¡No hay ni carretera ni vía! ¡Están flotando!

—Debe de ser un sistema de propulsión que se inventará en el futuro. —Mateo aporta el dato técnico y me imagino que en su cabeza ya está haciendo los cálculos para buscar una explicación lógica.

¿Su mente no puede tomarse ni un día de vacaciones? ¡¡ESTAMOS EN EL FUTURO!!

—Propulsión a pedos —dice Hugo, y los dos nos partimos de risa.

Esto es como una película. No, no. Esto es **MEJOR** que una película. Porque una película es de mentira y siempre se acaba, y entonces vuelves a la realidad.

Y esto es el futuro **DE VERDAD**. **¡ES REAL!**

Hay pantallas por todos lados: pequeñas, grandes, rectangulares, redondas... Es increíble. La gente se detiene delante de las pantallas y la pantalla cambia, yendo a páginas webs, mapas... Pero eso no es todo. Lo **SUPERFUERTE** no es que las páginas cambien, sino que lo hacen sin que las personas toquen nada. No hay teclado, ni son táctiles, ni... **www**

—¡¡No usan ni un teclado para navegar por internet!! ¿Cómo lo hacen?

Los tres nos acercamos a una de las pantallas y la miramos de cerca. Es el turno de una chica muy alta y morena. La pantalla le enseña una página web de una tienda de ropa y le muestra un mapa para llegar hasta allí ¡sin que ella haya tocado nada!

Mateo se atreve (qué casualidad, la chica es muy guapa) y pregunta:

—Disculpe... ¿Cómo va a las páginas web sin tocar la pantalla?

—Pues con la mente, ¿cómo va a ser? ¿Es que vienes del pasado?

La joven se aleja murmurando «Pueblerinos».

No puede ser. Solo... ¿pensándolo? **¿CON LA MENTE?**

Hugo ya está en la cola para ser los siguientes. Los tres nos miramos. ¡Es nuestro turno!

Entonces aparece una crep gigante rellena de fresas, plátano y crema de cacao.

—¿Por qué aparece una megacrep? —pregunta Mateo—. ¿Quién está pensando en comida?

¡Qué vergüenza! Con todo este lío ni siquiera me ha dado tiempo de merendar. Viajar en el tiempo da mucha hambre.

—Mateo, Daniela, ¿y si utilizamos las pantallas para algo **INTERESANTE**?

—¿Interesante como qué?

¡PLOP!

La pantalla cambia por un montón de perritos. Hugo se ablanda enseguida. ¡Le gustan tanto!

—¡Concentración! —dice de pronto—. Podríamos averiguar nuestro futuro pensando en nosotros, los **THE CRAZY HAACKS, ¿NO?**

Creo que Hugo ya lo está pensando, porque de repente sale un resumen de la vida de **THE CRAZY HAACKS**. ¡Con una foto nuestra de mayores!

MARS
NASA

INFO: FICHA 13890112

The Crazy Haacks vivieron en el siglo XXI y fueron mundialmente conocidos gracias a su exitoso canal de YouTube. Los tres hermanos locos hicieron videos superdivertidos contando sus aventuras alrededor del mundo.

Nunca dejaron de grabar videos que acumularon billones de visitas, pero también fueron famosos por otros logros: Mateo formó parte de la primera tripulación que llegó a Marte (su video pisando el planeta rojo es el más reproducido de la historia de YouTube, solo superado por *Ardilla comiendo un yogur con tenedor* y *Despacito*, de Luis Fonsi); Hugo logró su mayor éxito creando una cadena de restaurantes especializados en su plato estrella, la pizzurguesa; y Daniela batió el récord Guinness de más horas haciendo musical.lys sin parar (21 horas, 13 minutos y 10 segundos).

OMG. ¡Eso es mejor de lo que esperaba! ¿Mateo astronauta, Hugo cocinero y yo... reina de los musical.lys? ¡Y sin dejar de grabar videos! Esto es mejor que cualquier sueño.

—No podéis hacer eso. —Un señor se acaba de acercar a nosotros y nos mira tan fijamente que parece que nos vaya a atravesar con sus enormes pupilas—. **ES ILEGAL.**

De pronto pienso que está prohibido grabar y ha descubierto la cámara, pero su denuncia es otra:

—¡LLEVÁIS PEINADOS PASADOS DE MODA!

Nos miramos los tres. ¡Pero si nuestros peinados molan mucho!

Bueno, molan en el siglo XXI, claro. Los de **2318** son MUUUY LOCOS. Parece que se peinen con lametazos de elefante.

Por desgracia, cuando voy a defender mi peinado ante el señor, ve la cámara y grita. Eso sí que es **MEGAILEGAL**, por lo visto.

—¡¡Tienen una cámara prohibida!! ¡Policía, deténgalos!

Oh-oh.

¿Cámara prohibida?

¿Policía?

Una sirena empieza a sonar y se oyen pasos metálicos acercarse. **¡SON ROBOTS POLICÍA!**

Sus cabezas son pantallas y no parece que tengan muchas ganas de oír nuestras explicaciones. ¡Están acercándose a toda velocidad!

—¡¡CORRED!!

Sigo a Hugo y a Mateo por la avenida y giramos en la primera esquina. Entramos por una puerta que vemos abierta. ¡Es la cocina de un restaurante! Pero en vez de cocineros humanos..., ¡hay **cocineros robots**!

Tienen mil brazos y sus manos son batidoras, espumaderas, cucharas, rodillos... Sacan el pavo del horno, preparan ensaladas y amasan galletas. **¡ESTO ES UNA LOCURA!**

—¡Menos mal! —dice Mateo desde nuestro escondite—. Yo pensaba que en el futuro todos comeríamos comida de astronauta.

—Chicos, hay que volver al pasado YA.

—¡¡Pero esto es **INCREÍBLE**!!

—¿Acaso no has visto las pantallas de esos robots policía, Hugo? Ponía «Alerta máxima». Y no paraban de pitar. No sé qué significa que llevemos una cámara prohibida, pero no parece que les haya hecho mucha gracia. **¡ESTAMOS EN PELIGRO!**

Mateo tiene razón. Pero Hugo también. Jamás hubiese imaginado poder visitar el futuro, pero esos robots... ¡Son policías y vienen directos hacia nosotros! Y no para hacer de guías turísticos precisamente...

—Sí, Hugo. Hay que volver a casa antes de que todo se complique.

El pobre suspira resignado. Nos colocamos los tres para hacernos un videoselfi y volver a nuestro presente. Hugo pulsa ●REC y...

CAPÍTULO 21

PLAN DE ESCAPE

Abro los ojos.

Nada.

No ha pasado **NADA**.

Seguimos en la cocina del futuro. ¿Por qué no hemos vuelto a casa? Los tres seguimos mirando el objetivo de la cámara. Hugo empieza a pulsar ●REC otra vez, comprueba que el modo esté en **F**, pero no hay ningún cambio.

—¿Qué está pasando?

—Creo... creo que la cámara se ha estropeado.

¡NO FUNCIONA!

Los robots van de un lado a otro sin siquiera habernos visto.

Todo sigue igual. Eso no sería un problema si no estuviésemos en **2318** y la policía robótica del futuro nos estuviese buscando.

¿Y si nos descubren? ¿A quién llamaremos? ¡¡No conocemos a nadie aquí!! ¿Y si no podemos volver a casa? ¿Y si nos quedamos siempre en el futuro y no podemos volver a ver a Mami, a Papi, a Charlie, a Max ni... a **KEVIN**?

¿No volveremos a publicar videos locos nunca más en nuestro canal?

No, esto no puede suceder.

¡JAMÁS!

Piensa, Daniela, piensa.

¡Ya sé!

—¿Y si buscamos a KLAUS?

—Daniela, no es momento de pedir regalos a Santa —dice Mateo con paciencia—. Estamos metidos en un lío bien gordo.

—¡Santa Klaus, no, tonto! ¡Hablo de Klaus, el inventor de la feria!

—¡Ah, claro! —A Mateo se le escapa una risita.

—Klaus es del futuro, ¿no? Él mismo dijo que inventaría la cámara dentro de trescientos años...

—¡¡Claro!! Si él vive en esta época, significa que podemos encontrarlo. ¡Y él puede arreglar la cámara!

A Mateo se le acaba de iluminar la cara con mi idea. ***YES!***

—Pero... ¿alguien sabe dónde vive?

—¡Eso no es un problema en el futuro! Si nos colocamos delante de una pantalla, podemos pensar en Klaus y si tenemos suerte saldrá una ubicación.

—¡Pero la policía está buscándonos!

Eso sí que es un problema. Miro a mi alrededor y se me ocurre la solución. ¡ESTOY EN RACHA DE IDEAS! Ojalá tuviese esta racha para los retos.

—Podemos ponernos la ropa de cocina que usan los robots. —Les señalo el cuartito de material de cocina a nuestra derecha—. Si vamos disfrazados, no nos reconocerán.

Se nota que me encanta disfrazarme, ¿a que sí?

—Sí, será mejor que nos pongamos DELANTALES... ¡Y GORROS!

Los tres nos vestimos rápidamente de cocineros. La ropa está acartonada porque parece hecha a medida para los robots, pero lo importante es que la policía tardará un buen rato en darse cuenta de que somos nosotros. ¡Yo jamás hubiese reconocido a Hugo! Parece recién sacado de un concurso de televisión, preparado para hacer una receta francesa de alto *standing*.

Parece que Mateo ya tiene el plan trazado.

—Chicos, hay que ser rápidos. Este disfraz distraerá a la policía, pero solo durante un rato. El plan es el siguiente. Prestad atención:

1) SALIMOS POR LA PUERTA POR LA QUE HEMOS ENTRADO.

2) GIRAMOS A LA DERECHA.

3) BUSCAMOS LA DIRECCIÓN EN LA PRIMERA PANTALLA QUE ENCONTREMOS.

4) AH. Y NADA DE HABLAR HASTA QUE ESTEMOS A SALVO. ¡PUEDEN TENER MICROS HASTA EN LAS FAROLAS!

Asentimos y cumplimos el plan punto por punto. Cuando llegamos a la pantalla, pensamos en la cara de Klaus e inmediatamente sale su nombre y su cara en un mapa.

Después de tragarnos un montón de anuncios de cosas futuristas (cereales transparentes, vacaciones espaciales y robots *youtubers*), conseguimos que nos indique el camino hasta la ubicación de Klaus. ¡Está a solo dos paradas de tren de donde nos encontramos! *Let's go!*

Miramos hacia el cielo y vemos el tren verde. Ese es el que nos lleva hasta casa de Klaus. El andén está en la azotea del rascacielos. ¿Cómo se sube hasta ahí? Veo que Mateo nos hace una señal para que sigamos a la gente, nos montamos en un ascensor y...

¡OMG!

Esto va más rápido que un avión en el presente. En nuestro presente verdadero, quiero decir. ¡ESTE ASCENSOR ES INCREÍBLE! Lo único malo es la melodía: por lo visto, en el futuro no han conseguido inventar nada nuevo al respecto. ¡La música es un rollo!

Justo cuando bajamos del ascensor está llegando el tren.

—¡¡CORRED!!

¡Entramos por los pelos! Pero este tren... ¡es de cristal **VERDE**! Incluso los asientos son de cristal. Y el techo. Y el suelo... ¡Se ve toda la ciudad a nuestros pies!

PRÓXIMA PARADA: AVENIDA MANUSAWA.

En el trayecto, regalan unos dulces del futuro. También son transparentes. Mateo coge un puñado para hacer un video para nuestro canal.

—Con esto vamos a arrasar en YouTube.

—¿Y de dónde diremos que los hemos sacado? —pregunta Hugo.

—De un patrocinador. Nos han enviado móviles irrompibles, zapatillas luminosas, dulces americanos. Unas chuches del futuro no llamarán la atención.

Mateo es un genio cuando se lo propone. Pero no nos podemos distraer, ya vamos a llegar.

—¡Es esta!

Cuando llegamos a nuestra parada, salimos del vagón, cruzamos el andén y cogemos uno de los ascensores que nos llevan a la calle. Pero esta zona de la ciudad no tiene nada que ver. Debe de ser una urbanización de las afueras, porque no hay rascacielos y las casas son plateadas y mucho más pequeñas. El césped no es verde... ¡También es **PLATEADO**!

—Aquí no me importaría cortar el césped —dice Hugo, que está calculando cuánto ganaría si vendiese el césped cortado después—. Podría comprarme mil iPhones X.

—¿Y para qué quieres mil iPhones X? —pregunto.

A lo mejor quiere hacer un coro de animojis. ¡Sería genial!

—Para regalarlos a los suscriptores.

¡Hugo siempre tan generoso!

—Es esta casa. Aquí es donde vive Klaus.

—¿Cómo lo sabes? —pregunto—. Podría ser cualquier otra.

—Porque es el número, y además, porque tiene un montón de señales.

—*Fingers crossed!*

CAPÍTULO 22

HANNAH

Vamos hacia la casa que ha señalado Mateo. Pero antes...

—Chicos, creo que deberíamos cambiarnos de ropa antes de llamar, ¿no?

¡¡Aún vamos vestidos de cocineros!! Seguro que Klaus no nos abriría la puerta ¿Tres niños extraños vestidos de cocineros? ¿Y sin haber pedido alitas de pollo futuristas (ñam) a domicilio? Nos tomaría por locos. Por locos malos, no por **THE CRAZY HAACKS**, claro...

Así que tiramos en el contenedor los delantales y los gorros antes de que nos pueda ver.

Ahora sí que estamos listos.

Por favor, que el plan funcione.

Cruzamos el jardín, lleno de pequeños robots que cortan constantemente el césped de color plata. Hugo se planta delante de la puerta y busca el timbre. Parece que no hay nada, pero...

¡DING DONG!

¡Ha sonado! ¿Cómo lo ha hecho?

—¡Chicos, el timbre también funciona con la mente! ¡Solo lo he pensado!

Enseguida se abre la puerta. Una chica de unos once años nos mira de arriba abajo. Tiene el pelo y el flequillo blancos, y lleva un traje que parece de los mecánicos de la NASA.

¿Dónde habrá comprado un *outfit* tan molón? ¡¡Su corte de pelo parece salido de la última pasarela de moda de Nueva York!!

O eso, o se ha pasado dos horas delante de un ventilador.

Miro a Hugo y está embobado, con los ojos más abiertos que nunca. ¡Creo que a alguien le gusta una habitante del futuro! Le pego un codazo para que diga algo. ¿Acaso se ha quedado sin voz? ¡¡Esto sí que no me lo esperaba!!

—Bueno, yo, hola, soy Hugo, las tres y media, Málaga, YouTube, natación.

¡Hugo se ha quedado ATASCADO! Dice cosas sin sentido.

Como siempre, pero peor todavía.

—**¿ESTÁ KLAUS?** —le interrumpe Mateo, para ir al grano. Y para evitar que Hugo haga aún más el ridículo. ¡¡Parece que se ha enamorado a primera vista y todas sus neuronas se han frito al instante!!

—No, no está. Ha ido a una **FERIA FUTURISTA EN EL PASADO.** ¿Os puedo ayudar en algo?

Mateo y yo nos miramos. Hugo sigue incapaz de reaccionar ni de decir nada. La verdad, parece un loco. Si no le conociéramos... Hugo me mira y ya sé lo que está pensando.

Sí, tenemos que contárselo todo a ella. Es nuestra única opción, ¿no? Además, si conoce a Klaus..., a lo mejor tiene la solución.

—¿Podemos... pasar? Es... un poco largo de explicar.

¡Hugo parece que ha despertado! La chica nos deja entrar y, cuando mi hermano mediano consigue hablar sin tartamudear (está coladito, pobrecillo...), se lo explicamos todo. Desde el día que fuimos a la feria y conocimos a Klaus hasta el lío en el colegio... ¡y el momento en que la cámara se ha atascado!

Lo que no le cuento es lo de Kevin, pero porque Hugo y Mateo están mirando. **¡QUÉ VERGÜENZA!**

Aunque quizá debería preguntarle si Kevin y yo acabaremos casados... Ella lo sabrá porque vive en el futuro y puede mirar al pasado. **¡NO, DANIELA! ¡CONCENTRACIÓN!**

—Ya, entiendo. Dejadme ver qué puedo hacer.

Estamos en su salón. De hecho, no sé si es un salón, porque los muebles no son siempre los mismos. ¡Aparecen y desaparecen a medida que los necesitamos! Pasa lo mismo con los objetos.

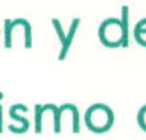

Cuando me he sentado en el sofá, ha aparecido una mesita con **COOKIES**. ¡Sigo sin haber merendado! Pero justo cuando voy a coger una galletita, desaparecen y la mesa se llena de cables, herramientas, botones... Parece que la chica ha pensado en ponerse manos a la obra inmediatamente.

—Por cierto, chicos, me llamo Hannah.

—Hannah, ¿te gustan los chicos del pasado? —pregunta Hugo—. Quiero decir, ¿te gustaría ir al pasado?

Mateo le da una patada en la pierna. ¡Nos está avergonzando! Hannah se ríe, pero hace ver que no lo ha oído. Mejor. Está muy concentrada con la cámara y Hugo no hace más que distraerla. *Please, please*, ¡que pueda arreglarla!

—**¡LO TENGO!** Se había bloqueado el botón de grabar de tanto usarla. ¡Ni que fuerais *youtubers*!

Si ella supiera... The Crazy Haacks intercambiamos miradas, nerviosos.

Hannah nos guiña un ojo. ¡Estamos salvados! Podré volver a acariciar a CHARLIE y a MAX. Y a comer nuestras creps de los domingos. Y a grabar musical.lys. ¡Y KEVIN podrá venir a casa!

Sí, el futuro es genial. Maravilloso. Asombroso. Brillante y rápido. Pero no quiero seguir aquí. ¡Ni siquiera hay Instagram!

¡¡QUIERO VOLVER!!

—Chicos, ya está. ¡Cámara arreglada!

—¡¡Hannah, nos has salvado!!

—Ahora podéis volver al pasado. Pero recordad: no podéis viajar en el tiempo sin tener los pasaportes. Esta cámara no es oficial y os puede meter en un buen lío. ¡Creo que ya habéis conocido a nuestra policía robótica!

Sí que la hemos conocido. Y creo que ellos a nosotros también. Así que será mejor que nos vayamos antes de que esos robots puedan rastrear la cámara y no podamos volver a nuestro tiempo.

—Bueno, Hannah... **GRACIAS**. —Hugo se está poniendo serio. ¿Qué pretende?—. ¿Te apetece venir con nosotros al pasado?

—Gracias, Hugo, pero ya he estado muchas veces e internet es demasiado lento. Aquí utilizamos lifi en vez de wifi; es decir, internet va a través de luz **LED** y ya tenemos una velocidad de **CINCUENTA Y CINCO MIL GIGABITS**. —A Mateo se le sale la bebida por la nariz. ¡Y él que cree que con la fibra óptica ya va rápido!—. Pero si alguna vez vuelves al futuro, ven a visitarme.

Hugo sonríe como si tuviese que enseñarle todos los dientes al dentista. ¡Creo que ya está planeando la vuelta al futuro! Y me parece que no es precisamente para descubrir el funcionamiento de los coches voladores. ¡¡Alguien se ha enamorado!!

—Como chica del futuro, ¿tienes algún consejo que nos puedas dar para que el mundo sea mejor?

La pregunta se me ha ocurrido a mí sola. Mateo me da una palmada, satisfecho. Hannah se queda callada pensando.

—Guardad chocolate blanco en la despensa —contesta finalmente—. En el año **2087** desaparecerá, y agradeceréis tener una reserva.

No era la clase de consejo que esperaba, pero me vale.

Los tres damos un abrazo inmenso a Hannah. ¡Es nuestra salvadora! Espero que la cámara realmente funcione. Sí, ya sé que el futuro está muy bien, que es lo mejor, que nunca nadie ha viajado como nosotros. ¡¡Pero yo aún no he merendado!!

Nos ponemos los tres juntos para hacernos un videoselfi y Mateo pulsa ●REC.

CAPÍTULO 23

¿EL FINAL?

¡HEMOS VUELTO A NUESTRO TIEMPO!

Pero...

Esto no es la habitación de Mateo. ¡Estamos en la feria futurista! Creo que Hannah ha querido asegurarse de que no siguiésemos viajando en el tiempo sin permiso. Y no me extraña: los robots policía no tenían cara de ser muy amables.

Y entonces oímos una voz conocida. Muy conocida. **¡ES MAMI!**

—¡¡Escondeos!! —Mateo nos arrastra detrás de un estand lleno de botellas con líquidos verdes y azules en el interior—. Estamos en el mismo momento en que entramos en la feria. Eso significa que...

—¡Hay **SEIS CRAZY HAACKS**!

Esto no va a terminar nunca. Por si no hubiese suficientes locuras con tres **CRAZY HAACKS**, ¡ahora somos el doble!

—No pueden vernos a todos juntos o podemos meternos en un lío. En **OTRO** lío.

—Pero... ¿cómo lo hacemos?

¿Otra vez un plan? ¡¡Yo solo quiero llegar a casa y merendar!! Y, bueno, volver a ver a Kevin. Ahora mismo podría estar mirando si ha publicado algo nuevo en su perfil de Instagram. Pero, en vez de eso, estoy en el **PASADO**, intentando devolver una cámara no oficial que casi nos deja viviendo en el futuro para siempre.

—Creo que la única opción es esperar —dice Mateo—. Escuchad bien el plan:

PLAN DEVOLUCIÓN

1) ESPERAR A QUE SE ACABE EL SHOW DEL ROBOT BAILARÍN.

2) CUANDO NUESTROS YOS DEL PASADO VUELVAN A CASA, ACERCARNOS AL ESTAND DE KLAUS. ¡ÉL PENSARÁ QUE NUNCA NOS HEMOS IDO DE LA FERIA!

3) DISTRAERLO CON PREGUNTAS SOBRE SUS OTROS INVENTOS Y DEJAR LA CÁMARA ENCIMA DE LA MESA **DISIMULADAMENTE.**

—¿Y no podríamos merendar en medio del plan? —sugiero.

Pero la mirada de mis hermanos es un **NO** clarísimo.

Nos acercamos al estand y esperamos escondidos el momento clave. Acaban de parar al robot bailarín y Hugo-del-Pasado y Yo-del-Pasado estamos en el suelo, ¡y Hugo-del-Pasado tiene el pelo como si hubiese pasado un tornado! Mateo-del-Pasado viene a levantarnos porque Mami-del-Pasado ya nos está llamando y... ¡ese es el momento en el que mete la cámara en la mochila de Hugo para tener las manos libres!

THE CRAZY-HAACKS-DEL-PASADO se van, y cuando ya están al final del pasillo, nosotros nos acercamos otra vez al estand de Klaus.

—¿Os habéis dejado algo, KINDER?

¿Por qué nos llama como los huevos sorpresa? Parece que Mateo me lee la mente, porque me dice al oído:

—*Kinder* significa «NIÑOS» en alemán.

—No... solo... queríamos saber más sobre tus inventos —se adelanta Hugo a contestar—. ¿Para qué sirve esa botella de ahí?

Bien, Hugo, entretenlo. Ahora le toca a Mateo dejar la cámara **DISIMULADAMENTE** sobre el mostrador.

Y...

¡LISTO!

El plan ha funcionado.

—¡No la toques...!

Demasiado tarde. Hugo ya ha provocado una explosión que le ha quemado las cejas.

—Menos mal que tengo otra igual. —Klaus saca una réplica del armarito de su estand—. Esta botella no es una botella normal...

OH-OH. El inventor loco está empezando una nueva explicación científica. Y creo que tiene para rato. Será mejor que alguien lo pare, porque, si no, podemos estar aquí hasta pasado mañana. ¡Y yo quiero merendar!

—¡Gracias, Klaus! Nos tenemos que ir. ¡Hasta luego!

—Pero si os iba a contar...

—¡Envíanos un *direct* por Instagram! —Ya nos estamos yendo—. *Auf wiedersehen!*

Vaya corte. Mateo ni siquiera se ha esperado a que nos acabe de explicar qué puede hacer la botella. Creo que no soy la única que tiene hambre y ganas de volver a casa.

Pero la voz de Klaus nos interrumpe.

—**¡ESPERAD!** ¿Cómo fue vuestro viajecito... a Inglaterra con Charlie?

Los tres dejamos de andar.

Eso solo puede significar una cosa: ¡lo sabe **TODO**!

¿Y si llama a la policía? O aún peor: a Mami.

Nosotros cogimos su cámara sin permiso. **¡Y NO SOLO ESO!** La hemos estado utilizando... bastante. Bueno, **MUCHO**.

Deberíamos huir. Aunque tal vez eso no sea una buena idea: si sabe nuestra historia, seguro que sabe dónde vivimos. Y si viene a casa..., todo se complicará. Sí, será mejor que hablemos con él.

—Puede que sea un inventor un poco raro, ¡¡pero aún no me he comido a ningún niño!! Acercaos.

Ha dicho «AÚN». Quizá tenga niños en la nevera preparados para cuando la comida normal se le acabe.

Klaus nos guiña un ojo. ¿Por qué no está enfadado?

—Sentimos mucho haber cogido la cámara... **FUE UN ACCIDENTE...** Yo quería levantar a...

—Lo sé, Mateo. No os he llamado para echaros la bronca.

—Entonces... eh... ¿qué quieres? Verás, nos gustaría volver a casa, supuestamente estamos haciendo los deberes, y...

—Ese es el problema, Hugo. ¿Cómo pensabais volver a casa? Quiero decir, la cámara sigue grabando y por eso estáis aún en el pasado.

¿Cómo puede ser que ninguno hubiese pensado en eso?

Supongo que nuestros viajes en el tiempo han dejado nuestra cabeza un poco loca. Y no haber merendado hace que **TODO** sea mucho peor.

Si un día soy presidenta del gobierno, tendré toneladas de galletas para concentrarme. Y creps.

—Además..., creo que alguien tiene ganas de volver a ver a Kevin... ¿Me equivoco, Daniela?

¡¿TAMBIÉN SABE ESO?! Estoy más roja que el logo de YouTube. **¡QUÉ VERGÜENZA!**

—Tranquilos. Poneos juntos, que os enfoco y dejo de grabar para que volváis *ipso facto* a la habitación de Mateo.

—*Vielen Dank, Klaus!* **¡ERES UN CRACK!** —Mateo es el único de nosotros que ha estudiado un poco de alemán y aprovecha la mínima ocasión para lucirse.

Los tres nos ponemos juntos para que Klaus nos enfoque, pero él no saca la cámara.

¡¡QUIERO VOLVER YA!!

—Esperad, chicos. Me habéis caído bien, así que... ¿os gustaría llevaros esto?

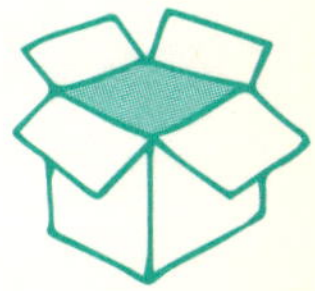

Ha sacado una caja de debajo del mostrador, pero no la abre.

—¿QUÉ ES?

—Es mi último invento del futuro. Pero solo podéis llevároslo con una condición:

No abrirlo hasta que no estéis en vuestro tiempo.

—¡¿En serio es... **PARA NOSOTROS?!**

—Todo vuestro. Pero no os olvidéis de usarlo con cuidado... ¡y con cabeza!

«CUIDADO» y «CABEZA». Dos palabras desconocidas para **THE CRAZY HAACKS**.

Mateo y Hugo tienen la boca abierta. ¡Y ni siquiera saben qué hay dentro de la caja! *¿Cómo pueden coger algo de un desconocido?*

Vale, Klaus se ha enrollado, pero su cámara casi nos mete en un superlío en el futuro. ¿Acaso no tienen **MEMORIA**? ¿Y si es un **INVENTO** aún más **LOCO**?

Voy a quejarme, pero Hugo ya ha cogido la caja sin pensárselo dos veces.

—Es genial para nuestro canal. ¡Haremos un *unboxing* sorpresa! Ya veo el título:

INVENTOR CHIFLADO NOS REGALA UNA CAJA SORPRESA Y AL ABRIRLA... ¡PASA ESTO!

Hugo es un inconsciente. Mateo me coge de los hombros y todos sonreímos a la cámara. Klaus nos enfoca y pulsa el botón para dejar de grabar.

¡POR FIN ESTAMOS EN CASA! Por un momento pensé que no volveríamos nunca. Sobre todo cuando nos quedamos atascados en el futuro, y...

—Chicos, ¡¡a cenar!!

Esas y «¡a grabar!» son mis palabras favoritas. **¡¡TENGO TANTA HAMBRE!!**

Tanta que me comería el puré de verdura de color marrón sin pensármelo. Bueno, me lo pensaría, pero no mucho. Estoy en la puerta del sótano para subir a la cocina, pero nadie me sigue. ¿No quieren subir a cenar?

OH-OH.

Creo que no es eso.

Es...

LA CAJA.

Hugo y Mateo ya la han abierto.

Y su cara me dice que las **AVENTURAS LOCAS** no han hecho más que comenzar...

MUSIC
APP
MUSIC
PHOTO
INTERN
PHOTO
Friends

THE CRAZY HAACKS